김소운 역시집

젖빛 구름

金素雲 譯詩集

乳色の雲

김소운 저작 선집 - 역시편 1

김소운 역시집 金素雲 譯詩集

젖빛 구름 乳色の雲

초판1쇄 발행 2025년 9월 22일

엮은이 김광식 · 나카이 히로코

주간 조승연
편집 · 디자인 오경희 · 조정화 · 오성현
신나래 · 박선주 · 정성희
관리 박정대

펴낸이 홍종화
펴낸곳 민속원
창업 홍기원
출판등록 제1990-000045호
주소 서울 마포구 토정로25길 41(대흥동 337-25)
전화 02) 804-3320, 805-3320, 806-3320(代)
팩스 02) 802-3346
이메일 minsokwon@naver.com
홈페이지 www.minsokwon.com

ISBN 978-89-285-2162-3
S E T 978-89-285-2161-6 94380

김소운 저작 선집 – 역시편 1

김소운 역시집
젖빛 구름

김광식 · 나카이 히로코 공편

金素雲 著作 選集 – 譯詩編 1

金素雲 譯詩集
乳色の雲

金廣植 · 中井裕子 共編

목차

Contents

해제

조선의 새로운 시심을 번역해 남긴다

하나의 조선판 문예부흥운동

글 나카이 히로코中井裕子
번역 김광식

조선의 새로운 시심을 번역해 남긴다

하나의 조선판 문예부흥운동

나카이 히로코中井裕子

머리말 - '출범'하지 못한 두 권의 처녀 시집

김소운은 언제부터 시를 썼을까? 소년 시절의 습작은 발굴되지 않았고, 소운 자신도 신문 투고[1] 이외에는 자세히 언급하지 않았다. 그러나 일본어 번역판 자서전『하늘 끝에 살아도天の涯に生くるとも』(이하 '하늘끝')[2]에 따르면, 일본에서 백 쪽도 안 되는 얇은 소년잡지에 두어 차례 투고했고, 2등과 가작으로 입선해 잡지에

---

1 「신문팔이로부터」라는 제목으로 「都新聞」(1923년 2월 16일자)에 투고하여 신문팔이 소년에 대한 부당한 폭력을 고발하였다.

2 新潮社, 1983년 5월 일본어 번역판, 1898년에 강담사(講談社) 학술문고판으로 다시 간행되었다. 여기에서는 1898년 일본어 문고판을 사용했다.

도 게재되었다고 한다. 그리고 취업과 동시에 학교를 알선해 준다는 광고를 믿고 상경했다.

번역시집 『젖빛 구름乳色の雲』[3](1940년 4월)의 후기 'R에게 - 후기를 대신하여'에서도 일본어 시집을 자비 출판하려 했으나 좌절했다고 적었다. 1923년 9월 '지진 1, 2개월 전', 즉 1923년 7, 8월경 오사카 스미요시의 시인 모모타 소지百田宗治에게 서문을 부탁하고, 시인 세타 야타로瀬田弥太郎의 도움을 받아 시집을 출판하려고 했지만, 출판 자금이 부족해 뜻을 이루지 못했다. 자서전에서도 오사카에서 잡지 『고락苦楽』을 주재한 나오키 산주고直木三十五 등과도 교류하고 일정한 평가를 받았음을 알 수 있다.

김소운 연구자 무라카미 후사코의 연보[4]에 따르면, 김소운은 1925년(16세) 시첩 『출범』을 부산의 초량경남인쇄사에서 조명희 서시, 안석영 장정, 나혜석 그림으로 5백 부를 인쇄했으나 인쇄비 미납으로 불과 십여 부만 받고 유산되었다고 한다.

필자의 조사에 따르면, 최남선 주필의 『시대일보』 문예란에 1925년 11월부터 18편의 단시가 발표되었다. 이러한 작업이 한일 시집의 원석이 되었을 것으로 추정된다. 이 시 중에는 사춘기의 고뇌, 식민지와 종주국의 사회구조에 대한 회의와 절망도 엿보이고, '그대들은 이렇게 살라'(1926.5.9)와 같은 자타를 고무하는

3 당초는 후지시마 다케지(1867~1943)가 표지 그림을 제공할 예정이었지만, 출판이 앞당겨져 "흰색 표지"로 나왔다.

4 東大比較文學會, 『比較文學研究』 79(2002.2) 및 93(2009.6).

시도 있다.

『시대일보』가 1926년 8월에 종간된 이후에도 소운의 시 투고는 『조선지광』, 『문장』, 『조선문학』 등에서 계속된다. 김소운은 적어도 44편의 자작시를 신문과 잡지에 투고했다.

김소운의 지인 백철의 평가도 흥미롭다. 백철은 김소운의 시를 소개하면서 창작 시인으로서도 개성적인 면모를 보였다. 결국, 그는 삶과 현실에 대한 일정한 자기 고집(신념)을 지녔고, 작품을 통해 그 신념을 주장하는 주제시主題詩를 쓰는 일종의 관념 시인이었다. 그러나 그의 신념과 오만이 현실에서 용납되지 않고 학대받을 때, 그것은 회의로 바뀌고 고독이 시인을 엄습했다고 보았다.[5]

모란공원에 있는 김소운의 묘비에는 '시인' 김소운의 묘라고 적혀 있다. 김소운은 개인 시집을 생전에 남기지 않았지만, 번역을 통해 '조선의 시심詩心'을 일본에 전하려 한 시인이었다.

1. 일본어 번역 전략과 일본 문단과의 교류

번역 방식에 대해 김소운이 어떻게 자평했는지 알 수 있는 글이 전술한 『젖빛 구름』의 후기이다. 여기에서 오랜만에 나가이

5 백철, 『朝鮮新文學思潮史』 現代篇, 白楊堂, 1949, 280~281쪽.

가후永井荷風의 프랑스 근대 서정시선 『산호집』을 다시 읽으며 "거기에는 가후라는 번역자가 없고 보들레르나 베를렌이 직접 얼굴을 내민다. 훌륭하다고 생각한다."고 평가했다. 이에 대해, "이 '젖빛 구름'은 사실대로 말하자면, 나 자신의 시집과 같은 것이다. 그것을 가장 송구스럽게 여긴다."고 고백했다(밑줄은 필자에 의함, 이하 동일). 이상의 시 '잠자리蜻蛉'와 '일야一夜' 등은 고故 이상의 편지에서 모티프를 얻은 완전한 창작이다. 그러나 그것이 역으로 소운이 애송한 일본 서정시에 더 가까워져 일본 시인과 독자들을 매료시킨 것이다.

후지에다 시즈오藤枝静男의 기억에 따르면, 김소운은 무로 사이세이室生犀星, 사토 하루오佐藤春夫, 미요시 타츠지三好達治, 하기와라 사쿠타로萩原朔太郎의 시를 애창했다고 한다. 시를 낭송하며 즐기는 스타일은 근대 일본 시인들이 즐기던 낭송회를 떠올리게 한다. 패전 이전에는 시를 낭송하며 즐겼는데 오음칠음의 리듬과 각운脚韻 등을 귀로 음미했다. 소운은 오사카 쓰루하시鶴橋, 도쿄 헤비쿠보蛇窪, 가마쿠라 하세오야토長谷大谷戸 등 조선인 집단 거주지에 살며 오사카 시단, 마고메馬込 문인촌의 문인들, 가마쿠라 문인들과 교류했다.

일본의 문인들도 지방에서 상경하여 타향살이하는 이가 많았다. 하쿠슈白秋는 후쿠오카현 야나가와, 사이세이는 이시카와현 가나자와, 사쿠타로는 군마 등 타향에 살거나 말년까지 돌아가지 않은 문인도 있었다. 그런 문인들의 고향에 대한 그리움, 향수를 소운의 번역이 자극했다. 이러한 향수의 공감대가 일본 문단과 독자들에게 수용되었다고 필자는 생각한다. 실제로 '나는 나라도 집도 없단다'(정지용 '카페 프란스')는 망국민의 고향에 대한 그리움은 더욱 깊고 고뇌에 찬 것이었다고 후쿠나가 다케히코福永武彦는 지적했다[6].

모모타 소지百田宗治, 시로토리 세이고白鳥省吾뿐만 아니라 김소운을 지지한 일본 문인들이 있었다. 패전 후에도 계속된 그들의 소운과의 교류도 인상적이다. 『김소운 대역시집對譯詩集』(중中)의 속표지에 소개된 이케다 가쓰미池田克己가 그 단적인 사례다. 1932년 6월 도쿄 구단에서 찍은 기념사진을 실을 정도로 친분이 두터웠다.

소운은 이케다의 장례식에도 참석했고, 한국에서 출판한 번역시집(역시집)에 이케다와의 기념사진을 싣고, 권말에 1956년에 쓴 일본 미래파의 구보타 한야窪田般弥의 글을 실어 1953년에 타계한 이케다 영전에 애도를 표했다.

그리고 이케 마사지池正路인데, 소운은 일찍 세상을 떠난 이케의 시 15편을 모아 시집 『수정충水晶蟲』(1931년 4월)을 간행했다. 이케는 소운에게 양복을 빌려주기도 하고, 책 사이에 돈을 넣어 빌려주기도 했는데 같은 하숙집 생활을 한 동료였다. '해바라기는 새벽을 부른다'라는 이케의 시를 발견하여 1958년 『친화親和』 60호에 '1932년 작'으로 게재하기도 했다. 김소운의 삶은 이처럼

---

6 福永武彦, 『異邦の薫り』, 新潮社, 1979, 196쪽.

한반도와 일본 문인들의 지지를 받았다.

2. 세 권의 출판 협력자들

1943년 8월 『조선시집(전기前期)』, 10월 『조선시집(중기中期)』(흥풍관興風館)의 판권지 뒤에 전체 기획과 평가에 대한 선전 문구가 실려 있다. 여기에는 전기, 중기에 이어 후기後期를 포함한 세 권을 기획했고, 두 달마다 한 권씩 발행할 예정이었다고 적혀 있다. 다음은 아마도 편집자 무라카미 노부히코村上信彦의 글이라고 판단된다.

> 조선시단 40년의 총결산!!
>
> 협소한 언어의 감옥 속에서 고립된 보루를 지켜온 조선의 뛰어난 시심詩心을 누조鏤彫[금속 가공 등에서 조각에 앞서 표면에 모양을 새기는 기법 중의 하나로, 금속가공과 같은 예술이라는 의미]의 명역名譯으로써 마치 금석金石처럼 갱쟁鏗錚 유량瀏喨한 울림을 전한다. 우리가 조선에 대해 알아야 될 것이 많지만, 이 세 권의 역시집처럼 내선內鮮 문화의 억세고 강력한 교류 결속의 포석이라는 의미에서 급박하고도 가장 뛰어난 것 중 하나이다.

여기에는 협소한 언어의 감옥 속에서 고립된 보루를 지켜온 조선어에 대한 경시관, '내선內鮮 문화'의 억세고 강력한 교류 결

속의 포석, '내선일체內鮮一體'의 출판 목적을 명확히 드러난다. 다만 당시 언론 통제 하에서 출판의 필요조건이었을 지도 모른다. 소운의 번역을 금속공예와 같은 '누조鏤彫의 명역'이라고 칭송한 것은 과장이 아니며, 무라카미가 소운에게 조선시 번역을 의뢰한 이유도 이 점에 있다.

또한, 뒷면의 선전 문구와 함께, 시인 미요시 다츠지三好達治가 소운의 번역이야말로 '세계적으로 높은 수준'이라고 높이 평가한 것도 이를 뒷받침해 준다. 미요시의 이 평가가 실린 『옥상의 닭屋上の鶏』은 1943년 문체사文體社에서 간행된 수필집에 수록된 것이다. 미요시의 평가는 '김동환 씨'라는 제하에 실린 제목의 대담에서도 등장한다.

이 수필에서 미요시가 조선인의 문학적 재능에 대해 충분히 신뢰할 수 있었던 것은, 김소운의 번역 역량이 높았기 때문이며, "오늘날 일본 시단의 현실에서는 오히려 부러워할 만한 품위와 기질의 것"이며, "번역 시인으로서의 김소운의 재능을 예로 들어도, 조선 시인의 자질이라는 것이 얼마나 괄목할 만한 것인지" 분명하다며, 김소운을 조선 시인의 대표로 여길 정도의 심정을 토로하였다.

일본어라도 쓸 것인가, 아니면 붓을 꺾을 것인가라는 선택이 강요되는 문단의 고뇌를 제대로 인식했는지는 모르지만, 무라카미 편집의 역시집이 흥풍관에서 기획되었다.

3.『조선시집』 전기, 중기에 실린 시와 시인

소운은 「후기」에서 조선문학의 미래에 대해 김동환과 마찬가지로 "조선어는 이미 종지부를 찍으려 하고 있다. 삶의 구석구석에서 그림자를 지운다는 것은 아니지만, 살아 있는 사회적 기능은 이제 이 말에는 없다. 잡지나 신문도 조선어로 된 것은 거의 90%가 폐간된 오늘날, 조선 작가와 시인들은 무엇으로 그 표현 의욕을 충족시킬 것인가. 설령 작품이 있다고 해도 앞으로 7, 8년이 지나지 않아서 그것을 읽을 사람이 없어지지는 않을까?"라며 위기감을 토로했다.

김소운은 잡지 『문장』 20여 권, 『인문평론』 약 10권, 『가톨릭청년』 19권, 개인 시집 20여 권, 문학 전집과 시인선집, 자작시 200여 편, 그리고 스스로 스크랩한 시까지를 포함한 방대한 후보작 중에서 작품을 선정했다. 당시 젊은이들은 아일랜드 문예부흥 운동의 영향을 받아 모국어로 많은 시를 창작하고 있었다. 이광수를 비롯해 1919년 도쿄 독립선언 등 유학생 독립운동에 참여한 시인, PASKYULA, KAPF에 소속된 박영희, 임화 등 사회주의 문화운동가, 한용운, 이육사 등 민족운동 투사 시인들도 포함됐다. 소운은 『창조』, 『백조』, 『폐허』 등의 문예지, 『조선문단』, 『시문학』과 주요 시집이 빠진 것을 아쉬워하면서 "새로운 앤솔러지 하나를 엮는다는 마음가짐"으로 선시選詩에 임했다고 한다.

처음에는 "2권 및 3권 속에 번역시(역시)에 대한 기록, 가능하다면 『조선시단 연보』같은 것을 곁들여 비망 회고에 이바지하려고 생각했다. 그렇게 되면 편찬의 형편상, 두세 시인의 증감도 있을 수 있다고 생각했다." 전기는 8월, 중기는 9월, 후기는 10월에 발행할 예정이었다. 그러나 실제로 중기는 10월로 연기되었고, 후기는 출판되지 않았다.

그 이유에 대해 1951년 발간된 『조선시집』의 해설을 담당한 재일조선인 작가 윤자원은 다음과 같이 지적했다.

> 원고의 사전 검열을 받기 위해 총독부 도쿄 출장소에 제출된 원고가 시국성이 결여됐다는 이유로 거부돼, 출판사 대표가 불려가 "우린 경찰이야! 까불지 말라"고 협박을 받았다는 이야기도 들었다. (중략) 이에 김 씨가 기분이 상해서 원고를 철회했는지, 아니면 그대로 몰수당했는지, 저간의 사정은 자세히 알 수 없다. 향토의 문화를 수출한다고 하면 아주 한가하게 들리겠지만, 한 권의 책이 만들어질 때마다 김 씨가 겪었을 곤혹스러운 뒷이야기는 일본 독자는 물론이고 향토 조선에서도 거의 알려지지 않았다.

'후기後期'의 출판 불발은 김소운에게 통한의 극치였을 것이라고 추측된다. 일본 독자들에게도 후기에 실렸을 '기예氣銳의 신인군新人群'의 시와 '조선시단 연보'에 대한 가치를 영원히 상실하고 말았다.

윤자원의 기억을 통해 김소운을 비롯한 재일조선인에 대한 출판 경찰의 감시가 얼마나 극심했는지를 알 수 있다. 그 속에서 원고 수집은 물론이고, 시인에게 번역 허가를 받기 위해 연락을 취

해도 연락이 되지 않거나, 과거 작품을 말살하겠다는 의사를 전달한 시인도 있는 등 시 선정과 번역 작업의 어려움도 있었다. 소운은 출판을 위해 자료를 수집해준 이육사, 김광균, 윤석중 등을 비롯하여 가마쿠라 산장에 함께 모여 인선 및 기타 협의에 참여한 박노춘, 조남령, 허남기, 박인배 등에 대한 감사, 인쇄소 기도 히데오木藤秀雄의 후의에 대한 고마움을 적었다.

후기에는 1942년 57세로 세상을 떠난 기타하라 하쿠슈北原白秋에 대한 헌사도 실렸다. 이 역시집은 "조선에 이토록 훌륭한 시심이 있을 줄이야"라고 절찬한 하쿠슈에 대한 보답이기도 했다. 끝으로 소운은 '쇼와 18년(1943) 4월 관제하管制下의 망여산거望汝山居에서'라고 등화관제燈火管制가 계속되는 긴박하고 궁핍한 시국도 기록하였다.

4. 번역 전략

예를 들어, 이육사의 '청포도'는 번역에서는 5음과 7음의 정형 리듬으로 만들어져 낭송과 암송이 쉬운 문어 정형시로 변형되었다. 일본의 젊은 독자들은 시마자키 도손의 『와카나슈若菜集』, 사토 하루오의 『순정시집殉情詩集』, 무로오 사이세이의 『서정소곡집抒情小曲集』 등에 열광했다. 일본인들이 사랑하는 문어 자유시, 정형시 기법으로 번역한 것이 기타하라 하쿠슈北原白秋를 비롯한 일본 독자들을 감동시켰다. 비유적으로 말하자면, 소운은 구어체로 자유롭게 쓰인 조선의 젊은 시심 위에 일본에서 유행하는 무늬를 입혔다고 할 수 있다. 이육사에게 이 번역본을 보여줬을 때, 내 시가 그렇게 좋았나 라고 말하며 기뻐했다고 김소운은 회고했다.[7]

또한, 본래 시에서 자음만 봐도 'ㄹ', 'ㅎㅂㅍ', 'ㅈㅊ'이 많이 사용되어 음운적으로도 아름답고, 정말이지 '청포도'가 연상된다. 일본어 번역에서는 H음을 다용하여 상쾌함을 자아냈다.

은유 · 상징 등의 레토릭은 시에서 빼놓을 수 없는 요소인데, 검열을 극복하는 무기가 되기도 한다. 예를 들어, 소운은 독립운동가 한용운의 시집명 '님의 침묵'을 '애인의 침묵愛人の沈默'으로 번역하고, '비밀'과 '예술가'를 조국에 대한 신앙적 믿음에서 연애 서정시 풍으로 번역했다. 이상화 '나의 침실'의 마돈나도 여성만으로 해석을 한정하지 않아도 된다고 필자는 생각한다. 이러한 레토릭으로서의 무기를 일본의 반골적 시인 가네코 미츠하루金子光晴도 이용해서 검열의 눈을 피해 시집 『상어鮫』를 출간할 수 있었다. 그런 시대적 배경을 함께 이해하며 해석할 필요가 있다.

이밖에도 정지용의 '카페 프란스'의 "나는 <u>나라도 집도</u> 없단다"를 소운은 "나에게는 <u>집도 고향도</u> 없다"고 번역했다. '망국의 슬픔'을 직설적으로 표현하면 삭제되거나 발매금지가 될 위험이 있다. 소운은 의도적으로 '망향의 슬픔'으로 바꾸어 도시에 사는

7 일본어판 자서전, 『天の涯』, 256쪽.

지방 출신자의 실향심에 호소했다.

5. 시인에 대한 레퀴엠과 오마주

『젖빛 구름』과 『조선시집』 전기, 중기에 수록된 시인과 그 시를 주의 깊게 읽으면 김소운의 개인적 애착 관계를 확인할 수 있다. 『시대일보』에 투고 의뢰한 지인 시인들이 많기 때문일 것이다. 일례로 김기림의 '쥬피타 추방'과 전술한 이상李箱의 시가 연결돼 있다. '쥬피타 추방'은 모더니즘 시인 김기림이 이상을 애도하며 읊은 시로, 이 시야말로 상징화된 이상의 모습이었다.

김해경金海卿(이상)은 소운이 1930년대 초반에 과외 아동잡지 발행을 위해 고군분투하던 시절의 동지였다. 이상이 도쿄에서 치안유지법으로 한 달 동안 수감되어 지병인 결핵으로 병상에 누워 있을 때 소운도 매일 간호를 했다. 그리고 그의 죽음을 '침통의장沈痛儀杖 - 이상李箱에게 주는 시'로 애도했다.

이상뿐만 아니라 동요 시인이자 과외 아동잡지 협력자인 유도순, 김소월, 조명희, 박용철, 이장희, 노자영의 병사, 자살, 행방불명 등은 식민지가 낳은 희생이라 할 수 있다. 그런 의미에서 김소운 나름의 레퀴엠이라고 볼 수도 있다.

다음으로 '오마주' 측면을 살펴보자. 먼저 독립운동가 한용운은 앞서 언급한 것처럼 서정시적 번역으로 등장시켰다. 또한, 친일인사의 대표로 꼽히는 이광수이지만, 지인이었던 소운은 전기

前期에 '역사가'라는 시를 번역했다. "역사가여/ 네 역사는 거짓 나부랭이! 우리들의 사랑이 기록되지 않은 역사/ 그런 역사가 있으랴/ 우리들 사랑의 파탄이 기록되지 않은 역사/ 그런 역사는 이미 알고 있어, 거짓 나부랭이 (후략)"라고 번역했다. 이광수의 총독부에 대한 식민사관을 향한 분노를 '거짓 나부랭이'라는 일본어 속어로 대담하게 대변했다.

지면 관계상 자세한 언급을 할애하지만, 번역가 김억, 잡지 『백조』 등에서 활동하며 시집을 펴낸 선배 시인 오상순, 박종화, 홍사용 등을 비롯하여 카프 서기장을 역임한 임화, 박팔양, 박영희 등 공산주의에 공명했던 시인들도 더해져 후기後期가 나왔다면 완전체가 되고 연보까지 포함되었을 것이다. 이와나미岩波서점에서 『조선현대시선』도 문고판으로 출간할 계획이었던 김소운에게 그 아쉬움은 크게 남았을 것이다.

맺음말

나카이의 연구에 따르면, 김소운은 한글과 일본어로 자작시 44편을 남겼다. 개인 시집은 간행하지 않았지만, 소년 시절부터 일본어 시, 조선어 시를 투고했고, 그 과정에서 일본의 시와 번역시, 시인, 시우詩友, 그리고 시조詩潮를 접했다. 그것이 중역重譯과 번역으로 이어진 한반도 시단, 한일 시우詩友들과 교류했다.

이러한 일본 시단, 시인들과의 교류 속에서 익힌 일본어와 운

문의 레토릭이 충분히 발휘된 것이 이번에 역시편으로 간행하는 『젖빛 구름』『조선시집』 전기前期 · 중기中期다. 여기에 구사된 문어, 오음칠음률, 고어古語, 서정어의 다용多用은, 의도적으로 일본인의 심금을 울리는 전술로 사용되었다고 필자는 생각한다.

필자는 이러한 서정적 문어, 시적 개작에서 김소운의 일본어 번역에 대한 고뇌의 본질을 본다. 즉, 소운에게 일역은 고전문법의 습득, 문어문에 대한 숙지, 일본어로 된 고급 아어雅語의 선택, 한시 훈독訓讀 풍의 문어 정형시의 특징 파악, 칠음오음율, 일본어 다섯 개 모음과 아홉 개 자음의 운율에 대한 음미 등 일본 근대 시인들이 애용하고 독자들이 낭독 · 암송을 즐긴 문어 정형시 · 문어 자유시의 형식에 대한 도전이었다고 판단한다.

그 의장意匠으로서의 문어 정형시文語定型詩에 일본인이 감탄하는 모습은, 젊고 가난하며 굴욕적인 대우를 받는 식민지인 소운이 자신의 출신에 대한 우월감을 획득할 수 있는 희유希有한 기회였다. 그리고 바로 그 번역 작업이야말로 자기 긍정감과 살아가는 의미를 느끼는 계기가 되지 않았을까. 기타하라 하쿠슈가 '얄밉다小憎らしい'고까지 평가한 소운의 일본어 번역 기교는, 조선 민족의 자부심, 고뇌, 비애, 해방의 염원, 저항심을 서정적 울림으로 은밀히 감싼 금속공예품과 같은 명역이었다.

『젖빛 구름』에는 43인의 98 작품이 수록됐고, 출판 당시 평균 연령 36세였다. 젊은 시인, 요절 시인, 그중에는 소운의 친구도 포함된다. 『조선시집朝鮮詩集』 전기前期 · 중기中期에는 6인이 추가돼 49명의 186편을 번역했다. 후기後期가 기획대로 출판됐

다면 신인 30여 명의 작품과 '조선시단 연보'도 일본 독자들에게 전해졌을 것이다. 당시 출판 경찰의 탄압, 특히 조선인에 대한 가혹한 탄압의 실상이 여기에 있다.

또한, 중요한 사실은 이 역시집이 김소운 혼자서 수행한 것이 아니라, 이육사, 김광균, 윤석중, 박노춘, 조남령, 허남기, 박인배 등 도쿄의 문사와 유학생들도 협력했다는 점이다. 그들은 아일랜드 문예부흥 운동의 영향을 받아 시를 창작하고, 시잡지나 시집을 만들고, 신문기사에 투고했다. 이를 가능한 한 수집해 가마쿠라의 망여산거望汝山居에 모여 민족의 시를 남겨야 한다는 일념으로 시인들과 연락해, 시를 선정하고 편집 작업에 몰두했다. 날마다 관헌이 감시하고, 조선어의 명맥이 끊어지려는 상황에서 가능한 한 많은 시인의 시를 번역해 남기고자 한 활동은 동화정책(조선문화 말살정책) 하의 한반도판 문예부흥 운동의 작은 결실이었다.

패전 후에 일본에서 간행된 1953년 창원사創元社판, 1954년 이와나미 문고판『조선시집』은 1940년『젖빛 구름』과 1943년『조선시집』 전기 · 중기의 시인을 거의 그대로 계승하였다. 소운이 조선 시심詩心의 부활을 패전 후 일본에서도 시도했다고 할 수 있다.

재일조선인 시인 김시종金時鐘은『재역再譯 조선시집朝鮮詩集』[8]을 내며 김소운의『조선시집』 재번역을 시도했는데 다음처럼 언급했다. "김소운의 번역시라기보다는 당시 일본의 서정시에 리

8 金時鐘,『再譯 朝鮮詩集』, 岩波書店, 2007.

듣을 맞춘 김소운 자신의 시 노래라는 확신을 갖게 되었다. (중략) 김소운 선생님과는 그 고생의 세월을 뛰어넘어 서로 나눈 관계라고 혼자 생각하기도 했다." "폐멸廢滅할지도 모르는 조선어의 위기 상황에서도 그 언어에 집착한 조선 시인들의 모어母語에 대한 끝없는 사랑에도, 그리고 그 말 자체의 존엄성에도 생각이 미칠 것이다." 라고 회술했다.[9]

한편, 1978년 아성출판사에서 간행된 『김소운 대역시집』에는 김기림, 이상, 허보, 오장환, 조벽암, 정지용, 백석, 박팔양, 이병각, 유도순, 임학수, 임화, 김형원, 이찬, 노자영, 김용제, 박세영 등이 제외되었다. 이 역시 남북 분단이라는 정치적 상황으로 제외됐다.

김소운은 『조선시집(전기)』 말미에 이렇게 적었다.

> 심정의 미묘함과 접촉한 이해만큼 확실한 이해는 없다. 어딘가에 지기知己가 있다. 가끔씩 조선의 시심이 그 사람들의 삶의 환희에, 혹은 마음의 아픔에 조용히 스며드는 날이 있다. 그것을 느긋하게 기다리는 바람이다. 느긋하게 기다리려고 한다.

그의 장기적 안목('느긋하게 기다리는 바람気長な望み')은 오늘날 한일 문화교류 속에서 실현되고 있다.

---

9 김시종, 위의 책, 「『조선시집(朝鮮詩集)』을 재역하면서を再訳するにあたって」, ix쪽.

【참고문헌】

中井裕子, 「金素雲の「武器なき戦い」 - 「朝鮮人をして朝鮮人たらしめよ」」, 同志社대학 대학원 박사논문, 2023.

三好達治, 『屋上の鶏』, 文體社, 1943.

金素雲, 『天の涯に生くるとも』, 新潮社, 1983(講談社学術文庫, 1989).

福永武彦, 『異邦の薫り』, 新潮社, 1979.

呉世宗, 『リズムと抒情の詩学 金時鐘と「短歌的抒情の否定」』, 生活書院, 2010.

西原大輔, 『日本名詩選 2 昭和戦前篇 1928-1944』, 笠間書院, 2015.

坪井秀人, 『二十世紀日本語詩を思い出す』, 思潮社, 2020.

金時鐘, 『再譯 朝鮮詩集』, 岩波書店, 2007.

김소운, 『金素雲対譯詩集(上中下)』, 아성출판사, 1978.

______, 『맨발의 인생행로 유전 70년』, 중앙일보사, 1981.

양동국, 「제국 일본 속의 <조선 시 붐> - 유학생 시인과 김소운의 『조선시집』을 중심으로」, 『아시아문화연구』 23, 2011 등.

朝鮮の新しい詩心を訳し残す

一つの朝鮮版文芸復興運動

中井裕子

はじめに~「出帆」しそこねた二冊の処女詩集~

金素雲はいつから詩を書き始めたのか。少年期の記録物は未発見で、素雲も新聞投書[1]以外は詳しくは語っていない。しかし、『天の涯に生くるとも』[2](以下『天の涯』と略称)によると、来日後「百ページ足らずの薄っぺらな少年雑誌—、そこへ二、三度投書をしたことがあった。たしか二席と佳作に一度ずつ入選して雑誌にも載」ったとのこと。就職や学校の世話をするとの

1　「新聞売り子から」(下谷KYF生)と題して「都新聞」(1923年2月16日)に投書し、売り子への不当な暴力を告発している。KYFは本名金教煥のKをYにして匿名化した。

2　新潮社,1983年5月刊。のち1989年に講談社学術文庫版で出版。筆者は1989年版を使用。

広告を信じて上京したのだった。

翻訳アンソロジー詩集『乳色の雲』[3](1940年4月)の「Rへ一あとがきに代えて」でも、日本語詩集の自費出版の挫折があったことが分かる。「震災の一二ケ月前」、1923年7月から８月ごろ、大阪の住吉にいた百田宗治[4]に序文をもらい、詩人瀬田弥太郎[5]の助けも受けて詩集を出版しようとしたが、自費出版の資金不足で実現しなかった。自伝でも大阪で雑誌『苦楽』を主宰していた直木三十五らとも交流があったり、彼らからも一定の評価を得ていたことがわかる。

一方、金素雲研究家村上芙佐子の年譜[6]によると、金素雲は、1925年(16歳)「詩帖『出帆』を釜山草梁慶南印刷会社から趙明熙[7]序詩、安夕影装幀、羅蕙錫扉絵で五百部印刷したが、印刷費

3 最初は藤島武二(1867~1943)が表紙画を提供する予定だったが、出版が早まったため「白表紙」での出版となった。

4 1893~1955、大正・昭和期の詩人、児童文学者、作詞家。大阪府出身。詩の傾向としてはホイットマンやロマン・ロランの影響を受けた人道主義的・民主主義的傾向で、1918年に創刊された『民衆』を契機として、富田砕花や白鳥省吾とともに民衆詩派の一員として数えられるようになる。1926年に発刊した『椎の木』では三好達治、丸山薫、伊藤整、春山行夫、阪本越郎など若手詩人を起用し、一時代を築いた。1932年ごろより児童詩・作文教育に携わるようになり、波多野完治、滑川道夫、巽聖歌ら作文教育の指導者を育てた。

5 生没年不明。大阪出身の詩人。詩集に『愛の長詩』(1924.心情詩社)『哀吟余情：抒情小曲集』(1925.心情社)『心情詩集』(1926.サクラヤ書店)など。

6 東大比較文學會,『比較文學研究』79号(2002.2) および93号(2009.6)

7 1894~1942。忠北鎮川出生。号は砲石(素雲は抱石と表記)。中央高普を中退して北京士官学校に入学しようとして日警に捕まる。3・1運動で投獄され、1928年ロシアに

末払で、わずか十余部を手にすることができただけで流産」とある。

筆者の調査では、崔南善主筆の『時代日報』の文芸欄で、1925年11月から18編の短詩が発表されていた。これらが、日本と朝鮮半島での日本と朝鮮での詩集の原石となったと推測される。これらの詩には、思春期の苦悩、植民地と宗主国の社会構造への懐疑や絶望も伺われるが、反面、「그대들은 이렇게 살라(君たちはかく生きよ)」(1926.5.9.) のような自他を鼓舞する詩も書いている。

『時代日報』が1926年8月に終刊したのちも、素雲の詩の投稿は『朝鮮之光』『文章』『朝鮮文学』などで続く。筆者の調査では、のべ44作の自作詩を新聞・雑誌に投稿している。

金素雲とも知人だった白鐵の評価が興味深い。彼は金素雲のいくつかの詩を紹介しつつ「創作詩人としても個性的な面を見せた。結局彼は生活と現実に対して一定の自己固執(信念)を持って、作品を通して彼の信念を主張する主題詩を書く一種の観念詩人だった。しかし、彼の信念と傲慢が現実に容納されず虐待される時に、それは「懐疑」に変り「虫のような孤独」が詩人を噛むと詠った。(後略)」[8]

亡命してソ連作家同盟 원동支部指導部で勤務した。知識人的個人意識で現実に対する不満を描き「洛東江」(1927)に至って継承意識と民族解放思想という巨視的眼目を持つようになる。作品としては「땅 속으로」「농촌 사람들」、「한여름밤」、「춘선이」「아들의 마음」などがある。『天の涯』92頁「たゆたう面影」で言及。

牡丹公園にある金素雲の墓標には「詩人　金素雲之墓」と記してある。金素雲は、個人詩集は残さなかったが、翻訳を通して「朝鮮の詩心」を日本に伝えようとした詩人であった。

1. 日訳の戦略と日本文壇の交流

翻訳手法について、金素雲はどう自己評価していたかがわかる記載が『乳色の雲』の「Rへ―あとがきに代へて」にある。その中で、久しぶりに永井荷風の仏蘭西近代抒情詩選『珊瑚集』を読み直して、「そこには荷風といふ訳者が居ないで、ボードレールやヴェルレーヌ自身がちゃんと顔を出してゐる。見事なものだと思ふ。」と評価している。それに対して、「この『乳色の雲』にしたところで有体に言へば僕自身の詩集のやうなものだ。それを一番相済まなく思つてゐる。」(以後の下線は筆者による)と自白している。確かに、李箱の詩「蜻蛉」と「一つの夜」などは、故李箱の手紙からモチーフを得た完全な創作である。しかし、それが逆に素雲が愛唱した日本の抒情詩により近くなって日本の詩人や読者を魅了させたのである。

藤枝静男の記憶によると、室生犀星や佐藤春夫や三好達治

8　白鐵,『朝鮮新文學思潮史』現代篇, 白楊堂, 1949.7, 280~281頁。

や萩原朔太郎の詩を愛唱していたという。詩を暗唱して楽しむというスタイルは、明治・大正の詩人たちが好んで行った朗読会を思わせる。戦前、詩は朗誦して楽しむものであり、五音七音のリズムや頭脚韻なども耳で楽しんでいた。素雲は鶴橋、蛇窪、長谷大谷戸など朝鮮人集住地区に身を置きながら、大阪の詩壇、馬込文士村の文人たち、鎌倉在住の文人たちと近しく過ごした。

日本の文人たちも、地方から上京して他郷暮らしのものが多い。白秋は柳川、犀星は金沢、朔太郎は群馬、藤村は信州馬籠、達治は大阪など、中には故郷を捨てたり、晩年まで戻らなかったりする文人もいた。そのような文人たちの望郷の念、郷愁を素雲の翻訳は刺激した。そこに郷愁の共感帯が形成され、日本文壇や読者に受容されたと筆者は考える。実際は、「나는 나라도 집도 없단다(私は国も家もないんだよ)」(鄭芝鎔「カフエー・フランス」)という亡国の民の望郷の思いは更に深く苦悩に充ちたものであったことを、福永武彦がのちに指摘している[9]。

百田宗治、白鳥省吾だけでなく金素雲を支えた日本人文人たちがいた。戦後も続く彼らの素雲との交流も心打たれる。例えば、『金素雲對譯詩集』(中)[10]の口絵写真で紹介された池田克己[11]である。「1932年6月 東京九段에서」(左, 池田克己 = 後에 詩

9 福永武彦, 『異邦の薫り』, 新潮社, 1979.6, 196頁。

10 1978年10月, 釜山亜成出版社刊。

誌「日本未来派」主宰)とある記念写真を撮るような関係だった。

素雲は池田の葬儀にも列席し、韓国で出版した対訳詩集に池田との記念写真を掲げ、巻末に1956年に書かれた日本未来派の窪田般弥の文を載せることで、1953年に早逝した池田に哀悼の意を示した。

もう一人、池正路。素雲は早逝した池の詩を15編集めて詩集『水晶蟲』(1931年4月)を出版した。池との交流は、池が義兄の背広を素雲に貸したり、本の間に金を入れて貸したり、同じ部屋で下宿したりした仲である。自作詩の「向日葵は暁を呼ぶ」は、池の浄書を発見して1958年『親和』60号に「1932年作」として掲載された。金素雲の生は、このように朝鮮半島と日本の文人たちにも支えられていた。

11 1912~1953。詩人。奈良県吉野生まれ。詩歴は古く1934年に22歳で早くも詩集『芥は風に吹かれている』を出した。人生的なバーバリズム(原始主義)の詩法に特徴が見られる。1947年、菊岡久利・八森虎太郎・高見順・緒方昇らと詩誌『日本未来派』を創刊。1952年に病いが重篤となるまで編集をほとんど一人で行い、高見順・土橋治重・港野喜代子・鷲巣繁男・高田敏子・坂本明子・内山登美子・窪田般弥らを世に送り出した功績が大きい。主な詩集に『上海雑草原』(1944年刊)、『法隆寺土塀』(1948年刊)などがある。日本ペンクラブ電子文藝館 (bungeikan.jp) (2022年11月27日最終閲覧)

2. 全三冊の出版協力者たち

1943年8月『朝鮮詩集(前期)』、10月『朝鮮詩集(中期)』興風館[12]刊の、前者の奥付けの次頁に全体の企画と評価の宣伝文がある。この頁で最初は(後期)を含む三冊の計画だったこと、一か月おきの発行予定だったこともわかる。以下は、おそらく編集者の村上信彦の文章と思われる。

朝鮮詩壇四十年の総決算!!

狭隘な言葉の檻の中で孤塁を守りつゞけた朝鮮の秀でた詩心が鏤彫《るちょう》の名訳を得て宛然金石の如き鏗錚嚠喨《こうそうりゅうりょう》の韻《ひびき》を傳へる。吾々が朝鮮に就て知らねばならぬことは多々あるが、この三巻の譯詩集の如きは内鮮文化の逞しく力強い交流結束の布石たる意味に於て急且つ最たるものゝ一つである。

ここには、「狭隘な言葉の檻の中で孤塁を守りつゞけた」という朝鮮語への蔑視観と、「内鮮文化の逞しく力強い交流結束

12 戦前の興風館は「東京都神田区一ツ橋 教育会館」内に社屋を置いた。国会図書館の検索によると1895年から1899年まで雑誌「皇風」を41巻、村上信彦の『音高く流れぬ』1~3部、W・バウム『バリ島物語(上下)』(金窪勝郎訳)頁・テルへ『科学と実在』(平林初之輔訳)、A・ヒットラー『吾が闘争(上下)』(真鍋良一訳)など多くの翻訳本を出版している。

の布石」と内鮮一体の出版目的が明確に示されている。ただ、当時の言論統制下、出版の必要条件だったかもしれない。素雲の訳を「鏤彫《るちょう》の名訳」と賛美するのは誇張ではなく、村上が素雲に朝鮮詩の翻訳を依頼した理由もここにある。

また、奥付頁の囲み記事の三好達治[13]の文の引用も、当時の素雲への高評を裏づけている。

> 金素雲氏の手になった譯詩―、そこに見出される詩魂なり詩才なりといふものは恐らく世界的の高水準にあるもので、我々の今日の日本詩壇の現状からは寧ろ羨望に價する品位と氣質のものであつた。譯詩家としての金素雲氏の才能天分を假りに例にとつてみても、凡そ朝鮮詩人の資質といふものが如何に刮目に價するものなるかは明かであらう。
>
> 三好達治氏著『屋上の鶏』より

この評が掲載された『屋上の鶏』は昭和18(1943)年文體社刊の随筆集である。上述の引用部は「金東煥[14]氏」と題する同氏と

13　1900~1964、大阪市出身の詩人、翻訳家、文芸評論家。戦前の詩集に『測量船』(第一書房、1930年)『南窗集』(椎の木社、1932年)『閒花集』(四季社、1934年)『山果集』(四季社、1935年)、合本詩集『春の岬』(創元社、1939年)、『艸千里』(四季社、1939年)、『一點鐘』(創元社、1941年)など。

14　筆名巴人。明治三四年生。東洋大学文科修業。東亜日報記者を経て昭和四年以来雑誌「三千里」を経営。/詩集「国境の夜」「昇天の青春」「詩歌集」、他に長編小説「戦

の京城『三千里』事務所での対談記録の末尾に近い部分に登場する。村上は引用時に若干変更しているが、内容は変わらない。

この随筆で三好は、朝鮮人の文学的才能に十分な信頼を置けたのは、金素雲の翻訳力量の高さのためで、「我々の今日の日本詩壇の現状からは寧ろ羨望に價する品位と氣質のもの」で「譯詩家としての金素雲氏の才能天分を假りに例にとつてみても、凡そ朝鮮詩人の資質といふものが如何に刮目に價するものなるか」は明らかだと、金素雲を朝鮮詩人の代表と考えるほどに私淑する思いを吐露している。

日本語で書くか筆を折るかの選択を迫られる朝鮮文壇の苦悩を知ってか知らずか、金素雲の手になる翻訳集が興風館・村上信彦編集者によって企画された。

3.『朝鮮詩集(前期)』『朝鮮詩集(中期)』の詩と詩人

素雲は「覚書」で朝鮮文学の将来について、金東煥と同様に「朝鮮語はすでに終止符を打たれようとしてゐる。生活の隅々から影を消すといふのではないが、活きた社会的機能はもうこの言葉にはない。雑誌も新聞も、朝鮮語によるものは殆ど九

争と恋愛」あり。(『乳色の雲』の「略歴紹介」より)

割が廃刊されてゐる今日、何によつて朝鮮の作家や詩人たちはその表現意欲を充すべきか。かりに作品ありとするも、今後七八年を出でずしてそれを読む者がなくなるのではあるまいか。」と危機感を吐露している。

雑誌『文章』20余冊、『人文評論』約10冊、『カトリック青年』19冊など、個人詩集も20冊程度、文学全集や詩人選集、自選作品200編、切抜きまで含む膨大な数の候補を集めたことがわかる。当時の若者たちはアイルランド文芸復興運動の影響下、自らの言葉で多くの詩を生み出していた。李光洙を含め、東京での1919年独立宣言にみられるような留学生の独立運動に関わった詩人や、PASKYULAやKAPFに所属した朴英熙、林和など社会主義文化活動家や韓龍雲、李陸史など独立運動闘士の詩人も加えている。素雲は、『創造』『白潮』『廃墟』等の文芸雑誌、『朝鮮文壇』『詩文学』や主だった詩集を逸したことを心残りとしながら、朝鮮詩壇がこの程度の選集も所有できていない現状を嘆き、「新たなアンソロジー一つを編むという心組み」で選詩にあたったと言う。

当初は、「二巻及び三巻に、訳詩についての心覚えと、出来れば『朝鮮詩壇年譜』のやうなものを添へて備忘回顧に資したい考へである。編纂の都合では、或は人員に二三増減を余儀なくされる場合もあらうかと思ふ。」という企画で進んでおり、「前期」は八月刊、「中期」は九月、「後期」は十月の発行を予定していた。しかし、実際は「中期」の発行は十月に延期となり、「後期」

は出版に至らなかった。

その理由について、1951年刊『朝鮮詩集』の解説を担った尹紫遠[15]が以下のように語っている。

> 原稿の事前検閲を受けるため総督府東京出張所に提出された譯稿が、時局性の乏しい理由で拒否され、発行所の代表者が呼びつけられて「ここは警察だぞ!馬鹿にするな」と恫喝された話を私も聞いている。(中略)それに気を腐らせて金氏が原稿を撤回したものか、或はそのまま没収されたものか、その間の事情は詳かでない。郷土の文化を輸出すると言えばいかにも気楽に聞こえるが、一冊の書物がつくられるたびに同氏の嘗めたこの蔭の困厄については、日本の読者はもとより、郷土朝鮮に於いても殆ど知られてはいない。

「後期」の出版不実現は金素雲にとっては痛恨の極みだったと推測される。日本の読者にとっても、後期の「気鋭の新人群」の詩と「朝鮮詩壇年譜」に、永遠に価値を損失した。

15　1911~1964、日本の敗戦前は「尹徳祚」の名で歌集『月陰山』(42河北書房)を上梓。解放後『民主朝鮮』に詩や評論を幾つか発表したあと、『三十八度線』(50年早川書房)を上梓している。近年、研究者の宋恵媛が『越境の在日朝鮮人作家　尹紫遠の日記が伝えること 国籍なき日々の記録から難民の時代の生をたどって』(2022、琥珀書房)と『密航のち洗濯　ときどき作家』(2024、柏書房)を出版し、金素雲との交流も明らかになった。

尹紫遠の記憶から、金素雲を含む在日朝鮮人への出版警察による監視がいかに激烈だったかがわかる。その中を、原稿収集についても、詩人に翻訳許可を得るために連絡先を探しても見つからなかったり、過去作品を抹殺する意思を伝えた詩人もいたりするなど、詩の選定・翻訳作業の苦労も語られる。そして、出版の実現のため資料収集した人物の「李陸史、金光均、尹石重の諸友」、「鎌倉の山居へ会同して人選その他の協議に参画した朴魯春、曹南嶺、許南麒、朴仁培の諸君」への感謝と、印刷所の木藤秀雄 氏の厚誼に対する感謝が綴られる。

「覚書」の最後は1942年に57歳で逝去した北原白秋の墓前への献辞がある。この訳詩集は、「朝鮮にこんなすばらしい詩心があろうとは」と絶賛した白秋への返礼でもあった。素雲は「昭和十八年四月 管制下の望汝山居にて 素雲生」に、灯火管制という緊迫と窮乏の時局も記録した。

4. 翻訳の戦略

例えば、李陸史「青葡萄」は、日本語では5音と７音の定型リズムに成型され、朗誦・暗唱しやすい文語定型詩に改変されている。日本の若い読者は島崎藤村『若菜集』や佐藤春夫『殉情詩集』、室生犀星『抒情小曲集』などに熱狂していた。その日本人が愛する文語自由詩・定型詩の手法で翻訳したものが、北原白秋はじめ日本の読者を感動させた。比喩的に言えば、素雲は口語で自由に書かれた朝鮮の若い詩心に「日本で流行中の絵柄の振袖を着せた」といえる。李陸史にこの翻訳を見せた時、「僕の詩がそんなによかったかなあ」と喜んだと金素雲は回想している[16]。

加えて、原詩で子音だけを見ても「ㄹ」「ㅎㅂㅍ」「ㅈㅊ」が多用され音韻としても美しく、「청포도」と「청포」は意識して重ねられている。日訳でもハ行の多用が爽やかさを醸し出している。

隠喩・象徴などのレトリックは、詩に欠かせないが、検閲を乗り越える武器にもなる。例えば、素雲は独立運動家の韓龍雲の詩集名『님의 침묵』を『愛人の沈黙』と訳し、「秘密」と「芸術家」を祖国への信仰から恋愛抒情詩として訳した。李相和「わが寝室」のマドンナも、女性として解釈を限定しない方がいいと筆者は考える。このようなレトリックという武器を日本の反骨詩人金子光晴も利用して、検閲の目をのがれて詩集『鮫』を出版できた[17]。そのような時代背景を理解する必要がある。

他にも、鄭芝鎔「カフエー・フランス」の「나는 나라도 집도 없단다」を素雲は「わたしには家も郷《くに》もない」と訳した。「亡国の

---

16 『天の涯』, 256頁。

17 金子光晴,『詩人 金子光晴自伝』, 講談社, 1994年, 189頁。

憂い」を直接に出せば、伏字や発禁にされる危険がある。素雲は意図的に「望郷の憂い」に変え、都会の地方出身者の失郷の思いに訴えた。

5. 詩人へのレクイエムとオマージュ

『乳色の雲』や『朝鮮詩集(前期)(中期)』の詩人や詩を注意深く読むと、金素雲の個人的な思い入れが感じ取れる。『時代日報』投稿依頼の知人・友人関係の詩人が多いためであろう。一例を上げれば、金起林「追放のジュピター」と李箱「蜻蛉」「一つの夜」と頁を繋いでいる点である。モダニズム詩人金起林が李箱を悼んで詠んだ詩で、「追放のジュピター」は象徴化された李箱像である。

李箱は素雲が課外児童雑誌の発行に苦心していた時の同志であった。箱が東京で治安維持法によって一か月入獄し持病の結核を悪くして病床にあった時、素雲も毎日看護をしていた[18]。そして、彼の死を「沈痛儀杖—李箱에게 주는 시」[19]として哀悼している。

李箱だけでなく、童謡詩人で課外児童雑誌の協力者の劉道

18　青柳優子編訳・著,『朝鮮文学の知性 金起林』, 新幹社, 2009年。「故 李箱の追憶」より。
19　『韓国文学全集34』(詩集 上巻), 民衆書館, 1959, 339頁。

順、金廷湜(素月)、趙明熙、朴龍喆、李章煕、盧子泳(「前期」所収)らは病没、自殺、行方不明など植民地化の生み出した犠牲者ともいえよう。その意味で、金素雲なりのレクイエムと考えることもできる。

次に、「オマージュ」面を見る。まず、独立運動家の韓龍雲。前述したような抒情詩的翻訳で登場させている。また、のち親日人士の代表とされた李光洙だが、友人であった素雲は「朝鮮詩集(前期)」で「歴史家」という詩を選んでいる。「歴史家よ/君の歴史は嘘っぱち!/われらの愛が誌されていない歴史/そんな歴史があるものか、/われらの愛の破綻が誌されていない歴史/そんな歴史は知れたことさ、嘘八百さ(略)」と訳した。李光洙の総督府の植民地史観への怒りを「嘘っぱち!」「嘘八百」という俗語で大胆に代弁した。

紙幅の関係で詳述しないが、翻訳家金億、雑誌『白潮』などで活躍し詩集を刊行していた先輩詩人、呉相淳、朴鐘和、洪思容らも選んでいる。ひいては、元カップ書記長林和、朴八陽、朴英熙ら共産主義に共鳴していた詩人も加えて、「後期」が出れば完全体になり年譜も加わったはずだ。一時は岩波書店から『朝鮮現代詩選』も文庫版で出版する計画だった金素雲の無念は想像に余りある。

おわりに

金素雲は、ハングルと日本語で自作詩を44作残した。個人詩集こそ残せなかったものの、少年期から日本語詩、朝鮮語詩を投稿し、その過程で日本の詩や翻訳詩、詩人、詩友、そして詩潮に触れ、それが重訳や翻訳でもたらされた朝鮮半島の詩壇、日朝の詩友の交流も深かった。

これら日本の詩壇・詩人たちとの交流の中で身につけた日本語や韻文のレトリックが十分に発揮されたのが『乳色の雲』『朝鮮詩集(前期・中期)』であった。そこで駆使された文語、五音七音の律、古語・抒情語の多用は、意図的に日本人の心の琴線を震わせる戦術として使用されたと筆者は考える。

筆者は、このような抒情文語詩的改作に、金素雲の日訳への格闘の本質を見る。つまり、素雲にとっての日訳は、古典文法の習得、文語文への習熟、日本語の上質な雅語の選択、漢詩訓読風の文語定型詩の特徴把握、七音五音の律、五つの母音と九つの子音の韻の吟味など、日本の明治の詩人が愛用し、読者が朗読・暗唱を楽しんだ文語定型詩・文語自由詩の形式への挑戦だったと考えるに至っている。

その「意匠」としての文語定型詩に日本人が感服する姿は、若く貧しく屈辱的扱いを受ける植民地人素雲が自らの出自への優越感を得られる稀有な機会であり、それが自己肯定感と生きる意味を感じる契機となったのではないか。北原白秋が「

小憎らしい」と評した日訳の技は、朝鮮民族の誇り、苦悩、悲哀、解放願望、抵抗心を抒情の響きに包み隠した「鏤彫《るちょう》の」日本語詩を創作するために錬磨された。

『乳色の雲』43人98作。出版時の平均年齢36歳。若い詩人、夭折詩人、中には素雲の友人も含まれている。『朝鮮詩集　前期・中期』では6人加わり49人186作を「鏤彫《るちょう》の名訳」として訳出した。後期が構想どおり出版されていれば、更に新鮮な「気鋭の新人群」30人弱の作品も「朝鮮詩壇年譜」も日本の読者にも手渡ったはずである。当時の出版警察の弾圧、特に朝鮮人への激しい弾圧の実害がここにある。

加えて重要なのは、この詩集は金素雲だけの手になったものでなく、李陸史、金光均、尹石重、朴魯春、曹南嶺、許南麒、朴仁培ら東京の文学を志す人士や留学生たちも協力していた事実だ。彼らはアイルランド文芸復興運動の影響を受けつつ詩を創作し、詩誌や詩集を作成し、新聞記事に投稿していた。それを可能な限り集め、鎌倉の「望汝山居」に集い、民族の詩を残さねばならないという一念で、詩人との連絡、選詩や編集作業に没頭していた。日々、官憲の目が光り、朝鮮語の命脈が断たれようとする中で、可能な限り多様な詩人の詩を翻訳し伝え残そうとしたこの活動は、同化政策(朝鮮文化抹殺政策)下の朝鮮半島版文芸復興運動の小さな結実であった。

戦後編集された1953年創元社版と1954年岩波文庫版の『朝鮮

詩集』は、1940年『乳色の雲』と1943年『朝鮮詩集(前期・中期)』の詩人をほぼ受け継いでいる。素雲が朝鮮の詩心の復活を戦後日本でも試みたと言えよう。

『再訳 朝鮮詩集』[20]で戦後版『朝鮮詩集』の再訳を試みた金時鐘も、「金素雲の訳詩というよりも当時の日本の抒情詩にリズムを合わせた、金素雲自身の、詩の歌であることの確信を持った。(中略)金素雲先生とはその苦労を年月を超えて分かち合っている間柄だと、ひとり思ったりもしたものだ。」「廃滅されかねない朝鮮語の危機の中で、なおその言葉に執着した朝鮮の詩人たちの母語への尽きない愛にも、そして言葉そのものへの尊厳にも思いが至ろう」と述懐している[21]。

にも拘らず、1978年に編まれた亜成出版版『金素雲対譯詩集』では、金起林、李箱、許保、吳章煥、趙碧巖、鄭芝溶、白石、朴八陽、李秉珏、劉道順、林學洙、林和、金炯元、李燦、盧子泳、金龍濟、朴世永らは除外された。これもまた、南北分断という政治状況による除外ではないか。

素雲は『朝鮮詩集(前期)』の末文にこう記した。

心情の機微に触れ合った理解ほど確かな理解はない。どこかに知己がゐる。折にふれて朝鮮の詩心が、それらの人々の生

20 岩波書店, 2007年11月。

21 「『朝鮮詩集』を再訳するにあたって」, 同書, ix。

活の歓びに、はたまた心の痛手にしづかに浸透する日がある。
気長な望みである。気長に待たうと思ふ。

その「気長な望み」は、今日の日韓文化交流の浸透のなかに実現しつつある。

【参考文献】

(일) 中井裕子, 「金素雲の「武器なき戦い」－「朝鮮人をして朝鮮人たらしめよ」」, 同志社大学大學 博士論文, 2023.

(일) 三好達治, 『屋上の鶏』, 文體社, 1943.

(한・일) 金素雲, 『金素雲対譯詩集(上中下)』, 釜山・亜成出版社, 1978年10月.

(한) 金素雲, 『맨발의 人生行路』, 中央日報 中央新書, 1981年10月.

(일) 金素雲, 『天の涯に生くるとも』, 新潮社, 1983年5月のち講談社学術文庫903, 1989年11月.

(일) 福永武彦, 『異邦の薫り』, 新潮社, 1979年6月.

(일) 呉世宗, 『リズムと抒情の詩学 金時鐘と「短歌的抒情の否定」』, 生活書院, 2010年9月.

(일) 西原大輔, 『日本名詩選 2 昭和戦前篇1928-1944』, 笠間書院, 2015年6月.

(일) 坪井秀人, 『二十世紀日本語詩を思い出す』, 思潮社, 2020年9月.

(한・일) 金時鐘, 『再訳 朝鮮詩集』, 岩波書店, 2007年11月.

(한) 양동국, 「제국 일본 속의<조선 시 붐> - 유학생 시인과 김소운의 『조선시집』을 중심으로」, 『아시아문화연구』 23, 2011 等.

영인

김소운 역시집

젖빛 구름

金素雲 譯詩集

乳色の雲

金素雲譯詩集

乳色の雲

金素雲譯詩集

乳色の雲

朝鮮詩集

乳色の雲

河出書房版

金素雲譯詩集

素描・雲の伯爵夫人　高村光太郎

扉書　山口玄珠

序の言葉

どんな河水でもその源に於いて濁つてゐるものはない。河水は高地より發する。高地には多くの自然な森林を見る。水も草も清い。精神の傳統はあたかもこの森林のごときものではなからうか。森林のごときものであるがゆゑに靜かだ。靜かであるがゆゑに性をやしなふ。知性はあたかも水のごときものではなからうか。水のごときものであるがゆゑに動く。動くがゆゑに破壞力を有する。もし川上の方に於いて傳統の森林を亂伐するとしたら、どんなことに成るだらう。その結果は知性の汎濫ではあるまいか。滔々たる濁流は千貫の岩石をも押し流さずには置くまい。

右、最近にわたしが物のはじに書きつけて見た言葉である。これは朝鮮にある新

しい詩人諸君に寄せるつもりで書いた言葉ではなく、たゞわたしの一家言に過ぎないが、こんな寢言をこの書のはじに記すといふのも、自分等がどんな心持でゐるかを朝鮮の諸君にも知つて貰ひたいからである。

思へば、朝鮮に生れた人達のために考へることは、やがてまた自分等のために考へることである。今は獨りを善しとすべきでなく、互に同じ憂ひを分たねばならない時である。

金素雲君が譯編にかゝる朝鮮詩集「乳色の雲」が成つた。時を感じては花に泪をそゝぎ、別れを惜みては鳥にも心を驚かすとかや。詩人の詞藻はかくのごとく直接に人の心を動かすものがある。愛と誠實とから生れて來たものが、時と場處を超えて、わたしたちに働きかける力は昔も今も變りがない。わたしはこの書の成つたことを深い歡びとし、かゝる困難な譯業を果し得た編者の勞に感謝の意をささげ、これを多くの同胞讀者に勸めたいと思ふ。「乳色の雲」一卷、こゝには掬す

べき詞藻も多い。これは自分としても、この詩集を手にする迄は知らなかつた聲である。

昭和十四年霜月、東京麹町の家にて

島崎藤村

朝鮮の詩人等を內地の詩壇に迎へんとするの辭

アジアの命と誇とはその詩心の深さにある。東洋古來の詩心の前には歐洲の近代詩の如きは正に兒戲に類するといふ位の尊大な自負をアジアのすべての詩人達に年久しく要望してゐた自分は、詩に關する限りではギリシヤに優るとも劣ることのないアジアが無自覺な一切の心醉の果に自らの詩心をさへ捨てて惜しまぬのを苦々しく慨はしい事としてゐる。

アジアの詩心は、しかし、その生活と一緒に先づ中央アジアから、さうして支那大陸から、遂には我々の祖國からさへ順次にその傳統の姿を沒せんとし、今やこれを歷史以外のどこに求めようかと心細く思はれた今日、端しなくも、歐米文物の直接な侵略からいみじくも免れ得たアジアの一隅の半島に、純粹なアジアの

詩心が「乳色の雲」となつて浮び、廢墟の如く殘存してゐるのを見出だした事は自分にとつて近來殆んど無比の快事であつた。

「乳色の雲」は彼自身半島の一詩家たる金素雲君が編纂し譯出した朝鮮の詞華集である。作家凡そ四十、作品約百篇から成り大半は抒情詩である。千紫萬紅みなとりどりの趣を示しながらおしなべて一つの似通ふ節のあるのがおもしろく有難い。ここに一つの野の同じ時に咲き出でたものとして自づからの約束を見るからである。この花束のなかに豐かに華やかな、樂しげな色合を見出ださうとする人は失望するであらう。しかしながら、ささやかにつつましく切々たるあはれは、さながらに霜にうつろふ一莖の野花の如く、またその根もとに枯れ聲を立てたきりぎりすの歌とも聞きなされる。そはボードレールが近代の憂愁に似て自づから非に、ハイネがうたのかなしみにもあらで、寧ろ、アジア古來の暗恨幽愁の我等が幽玄の趣に相通ずるものを見るであらう。

彼等が正に廢滅せんとする言葉を以てその民の最後の歌をうたひ上げたといふやうな特別な事情がかくも我々に訴へるところが深いのであらうか、否か。もろともにあはれと思へ山ざくら花より外に知る人もなきこれ等の歌ひ手の詩情のいぢらしさを心しづかに味つて見ようではないか。

由來、朝鮮の民の美に對する愛のこまやかさと、その美が日常の生活と甚だ緊密に結びついてゐるのは、心ある一部の工藝美術鑑賞家によつて既に注意されたところである。我等もこの注意によつて久しくこの民敬愛すべく、親しむべしと感じた。その故に去年北京に赴くに當りわざわざ迂路を半島に求めて彼地を見た。あの荒涼たる山河に漂ふ一脈の雅致 —— 思ふにこの集の編者はこれをなつかしみ「乳色の雲」と名づけたのであらうか —— を見るに及んで、この自然のなかにものさびしく孚《はぐく》まれたこの土《と》の民が美の由來するところを自分は深く悟つた。

思ふに高麗末期以後李朝五百年を通じて前後數世紀の秕政は本來必ずしも無能

でなかつたこの民の多くを老狡な無能者たらしめながらも、勇敢なものを暗殺者に仕立て、しかもその俊敏純眞なものをして詩人として生きる妙法を敎へる事を忘れなかつた。既に金笠の如き優秀奔放な生活の詩人と幾多無名の民謠詩人とが存して自分の言の有力な證人となつてくれる。政治に失敗した民が詩歌の領土に於て成功したのも亦暗示の多いのを覺える。

詩の腐葉土を數世紀間蓄積したこの詩歌の溫床が一朝日輪を得て百花一時に花咲くの盛觀を呈したのは東洋の詩心のために極りなき祝福であつた。まことに詩神は乞食に身をやつした王の如く、不可思議な場所に眠ることを愛したものではある。

又譬へばこれは淸冽な地下水である。それが日本海の海底を潛つて今富嶽の此方に湧出した。正に奇蹟である。アジアの詩心をこの淸泉の一掬によつて復活させようとする深い天意であるかも知れない。朝鮮がかういふ方法で我々に酬いよ

うとは！

大陸の文化が中古、半島を經てわが國に入つたのは單に地理的事情からばかりではなく、大陸から直接では終に受け容れ難いものさへ、半島の雅致に消化されて後、我等が祖先に快適なものとなり得たのではなからうか。半島の風物は、さうして詩情は、自分にとつてそぞろにものなつかしいものを多く覺えさせた。

自分は內地の詩人たちが純朴素雅にしてしかも幽趣の漂渺たる半島の詩人たちのために座席をしつらへるに吝かでないのみか、詩法に、また生活に更に敎へられるところの多からん事を希望するものである。

語を最後に敬愛する半島の詩人等に寄せよう。卿等の廢滅に歸せんとする古の言葉を卿等が最も深く愛しようと思ふならば、宜しく敢然として日常の生活から拋棄し去つて纔に詩の噴火口からこれを輝やかな光とともに吐くに如《し》くはあるまい。若し夫れただ一人のホーマー、一人のゲーテ、一人の杜甫、一人の人麻呂が

卿等の間に生れさへすれば、その詩篇のために、卿等の失はるべき言葉も亦、世界に研究せられて千古に生きるを妨げないであらう。

皇紀二千五百九十九年秋夕、東京小石川に於て

佐藤春夫誌す

譯詩集に寄せて

朝鮮はもと〳〵藝術の國でありました。古い歴史に據りますと朝鮮の人は歌をうたつて踊るのが好きであり、音樂も好きでありました。唐にも高麗樂が國樂の一部を占め、日本でも高麗樂が右房《うばう》の樂でありました。日本で歌が國の道であつた如く、新羅や百濟や高句麗もさうでありましたし、高麗もさうでありました。ところが李朝朝鮮になつてから支那の文化に心醉したあまり、凡ての國の道は廢れて了ひました。

今より約三十年前、朝鮮人は自分の言葉で歌を詠んだり小說を書いたりすることを始めました。併合以來、敎育が普及されるに及んで、この新らしい文學が榮える樣になりました。新らしい詩もかうして生れたのでした。

從つて、朝鮮の新らしい詩は謂はゞほんの發生期で、まだ〳〵大なる收穫があつたとは申されませぬ。しかし、若いながらに詩は詩であります。若い朝鮮の魂の聲たるに相違はありませぬ。

金素雲氏は曾て朝鮮の民謠を蒐め、幾册かの譯本を公にされました。それは實に素晴らしい飜譯ぶりで、江湖の稱讃を博したことであります。金氏はその筆で新たにまた朝鮮の新詩百篇ほどを移譯されました。原文のリズムや匂ひにまで心を配られたと聞いてゐます。實に金氏は詩人たると同時に、原語譯語兩つ乍らマザートングと云ふべき堪能さを有して居り、若し詩が譯し得られるものとしましたらこの人以上の譯者はあり得ないと信じます。

今や、大和民族と朝鮮民族とは一つとなつて日本帝國を護る運命に結びつけられて居ります。その爲にはお互に魂と魂が觸れ合ふことが必要であります。この役割をなすもの文學を措いて他に何がありませう、文學こそは兩民族の心と魂とを結びつけ融け合せる最も力ある要因と信じます。この譯詩集の意義も玆にあるものと思はれます。

舊友たる譯者から何か書けと命ぜられましたので、喜んで一言申上げた次第であります。

昭和十五年一月、京城にて

李光洙

乳色の雲　目次

乳色の雲

異河潤

野菊

愛《いと》ほしや　野に咲く菊の
色《いろ》や香や　いづれ劣《おと》らね
野にひとり　咲いては枯るゝ
花ゆゑに　いよよ香《かう》はし。

野の花の　こゝろさながら
この郷土《くに》に　生《お》へる詩人《うたびと》
ひとり咲き　ひとり朽《く》ちつゝ
僞《いつは》らぬ　うたぞうれしき。

水　脈

ひとゝきの　沼《ぬま》の沈黙《しゞま》も
堰《せき》切れば　語《かた》らひ盡きず、

さゞれ石　洗《あら》ひ濯《すゝ》ぎつ
ひとすぢに　海へゆくなり。

山六里　野末を九里《きうり》
水脈《みを》合ひて　海へゆくなり。

朝は沼　晝は溪谷《たにあひ》
闇《くら》き夜《よ》も　海へゆくなり。

さゞめきも　はた沈默《ちんもく》も
ひとひるの　束《つか》の間《ま》のゆめ、

夜《よ》をこめて　悼《とむら》ひうたに
急《せか》れつゝ　海へゆくなり。

遠　砧

秋の夜《よ》の　長きをこめて
鳴りつゞく　遠き砧《きぬた》の
窓深き　内房《へや》にこもりて
衣打《ころもう》つ　韓《から》のをとめが
そと洩《も》らす　ためいきに似て

いやせちに　こゝろぞわぶる。

宵毎《よひごと》に　聴ける音《ね》ながら
聴き古りぬ　ひゞきあらたし
秋草《あきぐさ》に　すだく蟲の音《ね》
それならで　白きころもの
白かれと　ねがひ打ち打つ
あはれとよ　韓《から》のたをやめ。

無縁塚

北門《ほくもん》の
道の傍《かたへ》に　草生《お》へる
無縁佛《むゑんぼとけ》の
塚《つか》一つ。

さすらひの
旅ゆく人が　足とめて
塚のほとりに

憩《いこ》ひしが、
國道《こくだう》の
拓《ひら》かれてより　かの塚の
押潰《おしくづ》されて
跡もなく、

塚《つか》の上《へ》に
蔽《おほ》へる土や　苔草《こけぐさ》の
道に　食《は》まれて
はかなしや。

こゝろなき
人に踏まれて　過ぎし日の
うたに噎《むせ》ぶや
昨《きそ》の塚、

主《あるじ》なき
無緣佛の　塚ありて
旅ゆく人の
憩《いこ》ひしが。

韓龍雲

祕密

祕密ですつて――なんの　わたしに祕密なんぞがありますものか。
一度は祕密を藏《しま》ひ込んでも置きました。でもやつぱりわたしには
祕密が守れないのです。

わたしの祕密は泪を通《とほ》して　あなたの視覺に見破られたのです。

わたしの祕密は吐息《といき》を通《とほ》して　あなたの聽覺に氣《け》どられたのです。

わたしの祕密は胸のときめきで　あなたの觸覺に感づかれたのです。

も一つの祕密は一片《ひときれ》のまことごゝろとなつて　あなたの夢に忍び入つたのです。

それからなほ一つ　最後の祕密があるのですが　さてこればつかりは鳴かぬ啞蟬《おしぜみ》のやうなもので　どうにも言ひ現はす手だてがありません。

藝術家

わたしは不器用《ぶきよう》な畫家です。

眠《ねむ》られぬ夜《よる》　寢床《ねどこ》に横たはり　指を胸にもつていつては　あなたの鼻や口、それから兩《りやう》の頰に彫《ほ》り刻《きざ》まれた二つの笑窪《ゑくぼ》を描《ゑが》き上げます。

それなのに　いつも仄《ほの》かな微笑《びせう》の漂《たゞよ》ふあなたの目もとばかりは
百《もゝ》たびも描《か》いては消し　描いては消しするのです。

わたしは意氣地《いくぢ》のない聲樂家です。

隣りの人もかへり　蟲のすだきも杜絶《とだ》えたころ　あなたに教はつた歌を吟《くちずさ》みかけては　眠てゐる猫に恥しくてどうにも歌ひきれないのです。

そこで　吹過ぎる小風《こかぜ》が戸の目張《めばり》を鳴らすとき　そつと聲に出して合唱したといふわけです。

わたしなぞ　抒情詩人になるには　餘りに素質が乏し過ぎます。

歡びや、哀《かなし》みや、愛や、そんなものを詩《うた》に綴らうとは思ひません。

あなたのおもざしや、聲や、歩きぶり、それらをものしたいばかりです。

それから　あなたの住まふお家《うち》や、寝臺《ねだい》や、花園にある小石などを――。

金億

海棠

岸邊《きしべ》に咲ける
海棠《かいだう》の
なにを愁《うれ》ひて
うなだれし。

風の戯《たは》れに
羞《は》ぢらひて
染めたる頬《ほゝ》の
愛《かな》しけれ。

わが戀は

水の面《も》に
映《うつ》ろひゆらぐ
たそがれの
影にも似たれ
わが戀は、
　さびしとも　さびし。

月沈む

夜更《よふ》けの庭に
舞ひ散らふ
落葉に似たれ
わが戀は、
音《おと》さへ得立てず。

淡雪

淡雪《あはゆき》の降りしきり
降り積もりては　消えゆくあはれ、
雪ながら　はかなしや
ひねもすを　念《おも》ひつのりて
夜《よ》明《あ》くれば　あとかたあらぬ
わが想《おも》ひにも　似たれ　かの雪。

花の訓へ

春かぜに
花ひらく
かの人の來《きた》るらし。

春かぜに
花ぞ散る
かの人の去《さ》りゆくらし。

峠路

ちらちらと
粉雪《こなゆき》の降る宵《よひ》でした
峠路《たうげぢ》を
越えて　あなたのいらしたは。

ほのぼのと

夜《よ》の明《あ》けそめるころでした
峠路へ
あなたひとりを　かへしたは。

詮《せん》もない
むかしのゆめと知りながら
せつなさは
いまにわすれぬ　雪の宵。

戯詩三篇

稿料

詩一篇に三圓ぢやとて
何をくよくよ　そぢやないか、
李白一斗　詩百篇
その勘定で置いて見な
忝《かたじけな》くも　三百兩
一日《いちにち》儲《まう》けぢやないかいな。

金

金《かね》がものいふ世の中に
詩なぞつくつて　どうなさる、
いやはや全《まつた》くその通り
金々《かね》といふ世なりやこそ
すること無《の》うて詩をつくり
ひとりで誦《よ》んぢや　泣きわらひ。

酒

醉ふちや渡れぬ世の中に
酒なぞ呑んで　どうなさる、

御《ご》說《せつ》萬々ご尤《もつと》も
正氣《しやうき》の沙汰《さた》の世なりやこそ
盞《さかづき》干《ほ》して　醉《ゑ》ひ痴《し》れて
べそを搔《か》いたり　喚《わめ》いたり。

金廷湜

うたごゑ

よきひとの　うたごゑは
こゝろにぞ　濡《ぬ》れそぼる。
ひねもすは　外《そと》にたゝずみ
きゝまもる　うたのしらべの

暮《く》れなづむ　夕《ゆふべ》の耳《みゝ》に
はた　よるのゆめに　沁むなる。

あはれ　かの　うたの細音《ほそね》に
睡《うまい》こそ　いよゝ深しや
ひとりねの　わぶる臥床《ふしど》も
さながらに　ゆめのはなぞの。

しかすがに　醒めてののちの
うた一つ　あらぬ憂《う》たてさ
うつゝこそ　いかにせつなき
かのうたの　きゝつゝわする。

ついぞ昔は

春秋《はるあき》ならず　夜毎《よごと》の月を
ついぞ昔は　知らなんだ。
からも　せつないためいきを
ついぞ昔は　知らなんだ。

月は　仰《あふ》いでみるものと
ついぞ昔は　知らなんだ。
いまにかなしい　あの月を
ついぞ昔は　知らなんだ。

わすれねばこそ

わすれねばこそ　こゝろもくるふ、
ならば一生《ひとよ》を　たゞ生きなされ
生きりや　わすれる日もござる。

わすれねばこそ　おもひはつのる、
ならば月日《つきひ》を　たゞ經《ふ》りなされ

たまにや　想はぬ日もござる。

したがはてさて　こればつかりは、
——しんじつ　戀しい　こゝろのひとを
束《つか》の間《ま》ぢやとて　どうわすれよう。

のちの日

いや遠き　のちの日に
きみに逢ひなば　「わすれたり」。
つれなしときみ　怨《えん》じなば
「想《おも》ひ侘《わ》びてぞ　わすれたり」。

かさねて　きみの咎《とが》めなば
「待つよしなくに　わすれたり」。

きのふも　けふも　得《え》わすれず
遠きのちの日　「わすれたり」。

金東鳴

芭蕉

祖國《おやぐに》を　離《さか》るいくとせ
芭蕉《ばせう》の　ゆめあはれ。

南國《なんごく》へ向けし郷愁《きやうしう》　火と燃えて
爾《な》が魂《たま》は　修道女《しうとめ》のごと病めるかな。

夕立を戀ふる爾《なれ》　情熱のをみな子よ
泉汲《いづみく》みてぞ　爾《な》が足に濺《そゝ》がなむ。

夜寒《よるさむ》し、
わが枕邊《まくらべ》に爾《なれ》を置かばや。

われまこと　爾《な》がために　跪《ひざまづ》く僕《しもべ》とならむ
爾《な》が垂《た》れし裳《もすそ》もて　われらが冬を蔽《おほ》ふべし。

こゝろ

わたしのこゝろは湖水《こすゐ》です
どうぞ　漕《こ》いでお出でなさい。
あなたの白い影を抱《いだ》き
玉と砕けて
あなたの舟べりへ　散りもしませう。

わたしのこゝろは燭火《ともしび》です
あの扉《とびら》を閉めてください。

あなたの綾衣《ころも》の裾《すそ》にふるへて
こゝろ靜かに
燃えつきてもさしあげませう。

わたしのこゝろは旅人《たびびと》です
あなたは笛をお吹きなさい。
月の下《した》に耳傾《かたむ》けて
こゝろ愉しく
わたしの夜《よる》を明《あか》しませう。

わたしのこゝろは落葉《おちば》です
しばし　お庭にとゞめてください。

やがて風吹けば　さすらひ人《びと》のやうに
またもや
あなたを離れませう。

金東煥

北國

北國《きたぐに》は日《ひ》毎《ごと》夜《よ》毎《ごと》を雪が降る。
灰色《はいいろ》の空《そら》から白い雪が降りしきるたびに
雪に埋《うづ》もれゆく眞白《ましろ》い北朝鮮《きたてうせん》が見える。

時折り驢馬《ろば》泣かせの吹雪《ふぶき》が
漠北江《ばくほくかう》の向ふ岸から荒砂《あらすな》を運んでは

寒さにちゞこまる白衣人《ひやくえじん》の耳たぼを打つ。

寒けりやこそ　遠來《ゑんらい》の客を
無理にも引とゞめはせず、
春だとて連翹《れんげう》を見に來た人も
雪橇《ゆきぞり》に乘せて南へ送りかへすのさ。

白熊《しろくま》が吠え　北狼星《ほくらうせい》が瞬《またゝ》く夜毎《よごと》
燕《つばめ》住む國を戀ひわびる　おいらたちは
かい抱《だ》いて赤星《せきせい》を指《ゆび》さしながら氷《こほり》の原で踊るのさ
焚火《たきび》に映《は》える異邦人《いはうじん》の蒼《あを》い瞳《ひとみ》を見ながら——。

北國《きたぐに》は寒さも寒し　今宵《こよひ》もまた
江越《かはご》しに密輸入馬車の轍《わだち》　音《おと》が聞える、
氷の床《とこ》の引軋《ひききし》る音《おと》に橇の鈴も掻《か》き消《け》される、
お〻雪が降る　白い雪が——。

北塞《ほくさい》へ急ぐ引越《ひっこし》の荷《に》の上に
音《おと》もなく　牡丹雪《ぼたんゆき》が降りしきる　降りしきる。

最終夜

赫々《あかく》と　赫々《あかく》と　燃えたぎり　燃えて死ぬる日輪　死ぬると知り
て　なほ燃ゆる・燃えざれば死なずと知れど　われとわが　身
を焚き盡す　その日輪《ひ》ゆゑ　拜《をろ》がみぞすれ。

火取蟲　火に入るは　死なむとてか　生きむとてか　生きむとす
れば死ぬるなれ　七日《なぬか》あまりの生命《いのち》ながらに　聲《こゑ》張《は》りて鳴く
蜩《ひぐらし》の　果敢《はかな》かるともいや強《たけ》き　そのいのち　肖《あや》からむわれ。

九龍淵《きうりうえん》 轉《ま》ろぶ瀧瀬《たきせ》のそれのごと 音《おと》とゞろかせ墜《お》ちなばや あるはまた 山としいはず野としいはず 溢《あふ》れひろごり押しまろぶ 大海嘯《おほつなみ》とはならむかな。

笑はざる日のひさしきに 口《くち》すゝぎゐて「あははは」と 高笑《たかわら》ひしたれば 凍《い》てし聲 秋空《あきぞら》に 響きもあへず打返《うちか》へし 胸に止まりて涙《なみだ》とはなりにけらしな。

金起林

蝶と海

誰も水深《すゐしん》を教へたものがないので
白い蝶《てふ》は海の懼《おそ》れをまだ知らない。

青い大根畠《だいこんばたけ》かと下《お》りて行つては
いたいけな羽《はね》を波 頭《なみがしら》に浸《ひた》し

王女のやうに打萎《うちしを》れてかへる。

三月《さんぐわつ》の海原《うなばら》に花の匂《にほ》はぬうらはかなさ

蝶の背《せ》に蒼白い新月《しんげつ》が沁《し》みる。

ガラス窓

ねえ――
わたしのこゝろはガラスかしら　冬空《ふゆぞら》みたいに
こんな小《ち》さい吐《と》息《いき》にもぢき曇つてしまふ。

觸《さは》ればまるで鐵《てつ》のやうで　そのくせ
たゞ一《いち》夜《や》の霜にも罅《ひゞ》が入るもの。

吹雪《ふゞき》の日は音《ねと》立てゝ鳴り
夜《よる》の退《の》いたあとは　頰《ほゝ》一ぱい霑《うるほ》ふ泪《なみだ》。

燃えあへぬ情熱　かうもりたちの燈臺
夜《よ》毎《ごと》の星を羨《うらや》んでは　仰《あふ》いで明かす――。

ねえ――
わたしのこゝろはガラスかしら
月の光にさへ　こんなに砕《くだ》けてしまふ。

追放のジュピター

芭蕉《ばせう》の葉つぱのやうにへし曲つた中折帽の下で
垢じみたパイプは聖ならざる圓光をせはしなく吹き上げる。
巷《ちまた》を駈けめぐる夜《よる》の暴行に聽入つては
聳《そび》やかした肩が椅子椅子に蠢《うごめ》き
住民たちは　はや　海の誘惑も　諍《いさか》ひの興味も置きざりにしてし
　まふ。
カンララの壁畫を倣《ま》ねた斑模様《ぶちもやう》の 盞《さかづき》 から

ジュピターは中華民國の膏血を呑み干して顰《しか》め面《つら》をする。

「ジュピターさま　お酒は何になさいますね」

「さやう〳〵　戶棚の中にあるあの登錄した思想といふやつ　あれは止《よ》してな、大分《だいぶ》古くなつたで　氣が拔けとるぞきつと、今夜の儂《わし》の新鮮な食卓には、賴むからへんな臭《にほ》ひはさせんでくれい」。

ジュピターの顏には絕望の笑ひが薔薇《さうび》のやうに白い。

ジュピターはいま　シルクハットを冠《かむ》つた英蘭銀行のノーマン氏がはてさて大英帝國の朝かたけが切れて市場《いちば》へ雞卵《たまご》を賣りに出たところを出會ふ。

それでも雛卵《たまご》の中では
ビクトリア女王直屬の樂隊が行進曲《マーチ》を奏《かな》でてゐたげな。
ジュピターはロックフェラー氏の庭園に咲亂れた黴の生えた節操
どもをさらに頌《ほ》めちぎらない。
星のやうに繁合《しげりあ》ふもろ〳〵思想の草花《くさばな》や
肥《こ》えた薔薇《さうび》を吸ひ盡して傲然と頭《かしら》を擡《もた》げた恥辱たち――。

ジュピターは雲を信じない、薔薇《さうび》も　星も――、
ジュピターの懐《ふところ》にぶつ斃《たふ》れた天使たちの屍體、
どす黝《くろ》い血に凍《こほ》つた羽《はね》が輕氣球のやうに潰《くづ》折れる。
聞分けのない愛人は　けふもジュピターに情熱をせがむが

ジュピターの顔に浮ぶ薔薇《さうび》の笑ひは雪よりも冷《つめ》たい。

どう打叩いたところでストラビンスキー氏の如何なる拙作にもまして耳障《みゝざは》りな

ド・レ・ミ・ファ……人生の一週間、

銀釦《ぎんボタン》と、貝殻と、金貨と、女と、

佛蘭西人形と、幾片《いくひら》の夢のかけらと――、

ジュピターの手慰《てなぐさ》みは何一つ氣乘りがしない。

立籠《たちこ》めた霧が幾重《いくへ》にものしかゝる四辻《よつつじ》では

交通巡査ローラン氏、ルーズベルト氏、其他の諸氏が

今や思ひ〳〵にキリストの身振《みぶり》よろしく立動き、

出まかせなシグナルの青や赤は到る處事故を捲き起す
とりわけ眩《めまひ》の種はフランコ氏の直立不動の姿勢《しせい》。

ジュピターは世紀の傷痕《しやうこん》である。
惡《あく》の氣流が襲ひかゝるたびに　その傷《きず》は疼《うづ》くのである。

ジュピターは焦立《いらだた》しげに叫ぶ――
「襤褸《ぼろ》でも　新聞紙でもよい　誰かあの太陽を蔽はないか!
目の潰《つぶ》れたパレスタインの殺戮を煽《あふ》り立てる
あのふてぐ〵しい大英帝國の太陽を儂《わし》の目から隱《かく》しちまへ!」

ジュピターは或る日　よれ〵の襤褸ぎれのやうな
繍《ぬ》ひとりの形而上學や　體面や　噓つぱちを掃溜《はきだめ》に叩《たゝ》き込んだ。

手違ひだらけの人生を貪る腐れ果てた體重を打つちやつて
パレチノンへ　パレチノンへと　翔《と》び去つた。

だがジュピターは　おほかたいまごろセラシェ陛下のやうに
擦り切れたマントをはおり
崩《くづ》れた神話の跡《あと》ポンペイの海邊《うみべ》を
風を引具《ひきぐ》して行戻りしてゐることだらう。

ジュピター昇天の日　禮儀知らずの沙漠には
マリアの聖歌隊も　焚香《ふんかう》もなく
行暮れた星たちが遊牧の民のやうに
虚妄の空氣を呼吸しながら飛び廻つてゐた。

それでもノアの洪水よりまだ闇《くら》い夜《よる》は
闇《やみ》にうづくまつて　兩《りやう》の瞳《ひとみ》をつひに閉ぢないでゐたといふ。

金海卿

蜻蛉

觸《さは》れば手の先につきさうな　紅《あか》い鳳仙花
ひらひらと　今にも舞《ま》ひ出《で》さうな　白い鳳仙花
もう心持ち南を向いてゐる　忠義一遍の向日葵《ひまはり》——
この花で飾られてゐるといふゴッホの墓は　どんなに美しいでせうか。

山は　晝日中《ひるひなか》眺めても
時雨《しぐ》れて　濡《ぬ》れて見えます。

ポプラは村の指標のやうに
少しの風にも　あのすつきりした長身を
抛物線に曲げながら　眞空《しんくう》のやうに澄んだ空氣の中で
遠景を縮小してゐます。

身も羽も輕々と　蜻蛉が飛んでゐます
あれは本當に飛んでゐるのでせうか
あれは眞空の中でも飛べさうです
誰かゐて　眼に見えない絲で　操つてゐるのではないでせうか。

一つの夜

浅瀬《あさせ》は滔々《たうたう》と波の音《おと》さへ立てゝ
沸流江《ふつりうかう》は流れてゐる。
その江面《かはづら》に　かげろふのやうな紫色《むらさき》の層《そう》が出來る。

十二峰《ほう》の高さに遮《さへぎ》られて
私の佇《たゝず》んでゐるところから遙か後方《こうはう》までも既に黄昏《たそがれ》てゐる。
薄暮《はくぼ》を縫ふ如く
地下へ地下へと沈む河流《かりう》は　黒く冷《つめ》たい。

十二峰のあひ間《ま》から
赭《あか》く染まつた夕燒雲《ゆふやけぐも》が覗《のぞ》かれる。
鐘《かね》が鳴る。

不幸よ
いま江邊《かはべり》に　黃昏《たそがれ》の影
地《ち》に長く曳《ひ》いて　さらに長い不幸よ
しめやかに　若妻《にひづま》の窓帷《とばり》を閉《と》づる如く
私は眼《め》をつぶる、都落《みやこお》ちの一人《ひとり》の落魄者。

あたりはすつかり暮れた、
十二峰の　あひ間あひ間に
今にも星が見え出すのではないか
私はそれを見ようとはしない
そして　草の上の一點《いつてん》をみつめる。

底《そこ》ひない色を湛《たゝ》へて
沸流江は　重《おも》だるく居《ゐ》坐《すわ》るかのやうに見える。
わが身も千斤
動《うご》くよすがもない。

金珖燮

蔭宿る日

躑躅《つゝじ》の散るとき　幼い國は崩《くづ》れる、
杏《あんず》の花散るとき　愛は囁《さゝや》かれる、
梨の花の散るとき　白い夢は搔消える、
花が散れば　光と香《か》は地《ち》に埋《うも》れるばかり。

散り盡した花のあとへ　波寄せる緑《みどり》の蔭、
梢《こずゑ》には　みづ〱しい新緑《しんりよく》の身じろぎ、
蜩《ひぐらし》を招く手は　淨《きよ》く　すが〱しく
花よりもなほ心《こゝろ》惹《ひ》かれる　季節の正午。

一晝《ひとひる》の口笛《くちぶえ》に　こゝろ和《なご》む綠の鄕《さと》、
草の葉に幼なごゝろの　幻《まぼろし》は　甦《よみがへ》り
その昔傷《かみ》いた指に　新らしい血が噴く、
草叢《くさむら》に夢ごと眠る　遠い日の想ひ出のかずかず。

燭

神々《かみぐ》の脂肪《しばう》を得て
炎《ほのほ》は燃えたりし。

こゝろを火に焚《た》き　肉體《にくたい》を失へる夜《よる》
爾《な》が室内に　われは在りき。

一日を賣りて　一瞬を購《あがな》ひ
いみじき千年《せんねん》の　ロマンスを聽けり。

個　性

いぶせき山里《やまざと》の
石一つと生《お》ひて
巖《いはほ》とは　ならざるとも、

いと小《ち》さき　せゝらぎにして
つひに　大海《たいかい》に到らざるとも、

爾《なんぢ》　無限に飛翔《ひしやう》する瞬間を見失はざれ。

金允植

柊柏の葉に耀ふこゝろ

わがこゝろのいづかたにか　涯《はて》しなき江《かは》流る
さしのぼる朝日《あさひ》影《かげ》　艶《つや》やかに光をぞ添ふ
眼《まなこ》にか　胸にか　はたまた血脉《ちくだ》にか
こゝろの　さやに　こもらふところ
わがこゝろのいづかたにか　涯《はて》しなき江《かは》流る。

雨の日

ポール・ヴェルレーヌ　吟《くちずさ》む日

空《から》のポケットに手をさし込んで
総身《そうみ》がぶるんぶるん、泪《なみだ》もちくりと出るわいの、
雨の　からまあ　降りしきる日は
哀れな科白《せりふ》の千ほども　書きつ散らしたものかいな。

金泰午

石窟庵

暁《あかつき》の靄《もや》垂れて
やがて　秋雨《あきさめ》のさゝやくごとし。

日出東海《につしゆつとうかい》！
海　飜《ひるがへ》り

赫《あか》き陽よ　湧《わ》け。

見《み》遙《はる》かす連峰の彼方《かなた》
海原《うなばら》の日をぞ招かむ、
こゝろに祕《ひ》めし　ねぎごとの
いまこそ　成れよかし。

岩壁《がんぺき》　石門《せきもん》に入れば
大本尊《だいほんぞん》　かしこしや
身じろがぬ御像《おんすがた》　慈悲の化身《けしん》
生々《せい〱》たる血脈《けつみやく》の　流れ打つごと。

燭明《しよくあか》りに　耀《かゞよ》ひ在《いま》す
觀世音《くわんぜおん》　菩薩《ぼさつ》の聖像《みざう》
和《なご》やかに　且つは嚴《おごそ》か——、
この燭《あか》り消えぬ間《ま》に
いまひとたび拜《をろ》がまむ　こゝろの扉《と》　押し開きて。

新羅《しんら》の華《はな》、
不滅のいさをし！
千秋《せんじう》　星遷《うつ》れど
聖意《みこゝろ》の　朽つる日ありや。

匏の花

ほの白く　匏《ばう》の花笑《ゑ》む
はにかみ顔に。
初々《うひ〱》し　愛《めぐ》し　かの花
笑《ゑ》まふ口邊《くちべ》の　ふくよかに。
爾《なれ》は眞白《ましろ》の　山家《やまが》處女《をとめ》
豐《ゆた》けき古譚《むかしがたり》　祕め——、

うつうつと　睡《まどろ》みて
鈴成《すずな》りの　ゆめこそ搖《ゆら》げ。

來《こ》ん秋《あき》の　匏割《ほうわり》に
出《いづ》るべき　寶《たから》は何《なに》ぞ、*

蒸し透る　眞夏の屋根に
匏《ほう》の花　ほの白く笑《え》む。

＊寶——傳承物語に興夫傳と謂へるがあり、强慾の兄に追はれし貧しき弟が傷ける燕を助けて翌春匏の種を齎され、やがて實るに及び匏の中より數々の寶を得たりといふ。

金大鳳

無心

藥罐《やくわん》に　湯は滾《たぎ》り
暫《しば》し枝に　花の咲く。
炭火《すみび》おこり
花の咲く、

湯は滾《たぎ》り
花の咲く。

咲ける花に
晝なし、夜《よる》なし、
咲ける花に
雨なし、雪なし。

咲ける花に
女なし、酒なし、歌なし、
咲ける花に

主人《あるじ》なし、さてはまた　客もなし。

なほも
炭火は赤く
湯は滾《たぎ》り
花の咲く。

金尚鎔

短章

往きがへり
旅の袖《そで》、
あなたとは
暫《しば》し　道づれ。

*

生《せい》の　縱《たて》、幅《はゞ》、重量《おもみ》が溶けて
珠《たま》一つ　成るといふなら
紅《くれなゐ》の爐《ろ》にも投げよう。

心臟の　血で綴《つゞ》られた
たゞ一行の　詩さへある。

水と空　愛からさへも　見放される日が來たら
うらがなしい栗鼠《りす》のやうに
この塒《ねぐら》に憩ふばかり。

許保

裸木

將《まさ》に冬の至らむとし
新らしき春に構《かま》へて淨《きよ》きを願へる木は
纏《まつ》はれる葉を振り落し
天空《おほぞら》に頭《かしら》かざして默禱《いの》るなれ。

たまさかに風來り
落葉の舞へば
過ぎし日のあつき想ひ出 甦《よみがへ》り
身をこそ震ふ。

さはなれど 默禱は止まず
信念の根を搖《ゆる》がする
猛《たけ》き風の吹き襲《おそ》ふとき
決意の人の脣《くち》嚙《か》めるごと
をのゝき搖《ゆら》ぎて立耐《たちこら》ゆなり。

すがれたる冬を犒《ねぎら》ひ

雪白く降りて
裸木に衣《ころも》蔽《おほ》へど
はかなしや　凍れる枝に
萌え出づる芽はあらざり。

洪思容

われは王にてあり

われは王にてあり　われは王にてあり　御母《おんはゝ》の慈しみいと篤《あつ》きめぐし子　われは王にてあり　いぶせき賤家《しづがや》に生《お》ひたる身なれど。
さりながら十王殿《じふわうでん》をも追はれたる　われは涙の王にてあり。
始めにわが與へたるは何ぞ――かく御母《おんはゝ》の問《と》ひたまはゞ

始めに御身《おみ》の授《さづ》けしは愛なりし　しかあれどそは　泪にて候《さぶら》ひき
——かく答へまつるべし　それのみとにはあらねど、
始め　われに求めしは何ぞ——かく御母《おんはゝ》の問ひたまはゞ
始めにわが乞ひたるは乳なりし　しかあれどそは言《こと》の葉《は》ならず
呱々《こゝ》の聲にて候《さぶら》ひき——かく答へまつるべし　それのみとには
あらねど。

御母《おんはゝ》の曰《のたま》へる——王始めに世に出《いで》しとき　御母《おんはゝ》の流したまへる紅《くれなゐ》
の血汐　身に帯《お》びゐたりしと、
かの日　村人の老《おい》や若《わか》きが「何ぞ　何が生れたるぞ」と空《あだ》に立騒
げるときも　御母《おんはゝ》は歡《よろこ》ばず　答へまさず　ゆゑ知らぬ憂《うれ》ひに泪
したまひ、

裸身《はだかみ》の王子われも　御母《おんはゝ》の傍《かたへ》に在《あ》りて　小《ち》さき脚《あし》蹴立てつ聲《こゑ》張りて泣きゐたりしと。

月おぼろなる夕《ゆふべ》なりし　裏山に梟《ふくろふ》鳴き――
御母《おんはゝ》は過ぎし日のことども語られしが　何に想ひ到りけむ　せつなき吐《と》息《いき》つきたまひ　笑《ゑ》まへるごと仄白《ほのじろ》き顔《かんばせ》伏せたまひき、
王はつねながら泪せき上げ　泣き耐《た》ふるすべさへ知らず聲放ちたりしが
その泪　何故《なにゆゑ》の泪とは知らず
御母《おんはゝ》の睡《まどろ》みたまふときも　王は獨り歔《すゝ》り上げにき、
御母《おんはゝ》の泪　王の頰に落ち傳《つた》ふとき　かなしみいよゝひろごりてとゞめあへぬ泪に　王も泣き浸《ひた》りにき。

十一の年明《としあ》け　*正月十四日宵《よひ》　己《おの》が影を見むとて出《いで》しが、――壽《いの》
命《ち》は永きや　短きやと、
王の朋輩《ともがら》　心なき童《わらべ》らの　嗤《わら》ひ囃《はや》すやう　「あなをかし　汝《なゝ》が影
に首《かうべ》は見えず」と、
且つ脅《おび》え　且つは愕《おどろ》き　御母《おんはゝ》の耳にも届《とゞ》けと　聲擧げて泣きたり
き　死ぬるといふが怖《おそ》ろしく。

薪採《まきとり》の山歌《やまうた》追ひゆく途すがら　始めに聽ける柩《ひつ》ぎ歌《うた》――九折《つゞら》の峠《たうげ》
路《ち》をゆく葬輿軍《とむらひびと》の　噎《むせ》ぶに似たる歌聲、
その峠路《たうげぢ》の岩清水《いはしみづ》湧《わ》く　泉《いづみ》の路《みち》を外《そ》れたるあたり　野茨《のいばら》の叢《くさむら》に
啼く　青色《あをいろ》の小鳥《ことり》一羽、
その鳥をなつかしみ幼き王われは　駈《か》け寄らむとして石につまづ

き　膝がしら擦りつ　またしても愚かしく泣き出《いだ》しき。

祖母《そぼ》の墓へ花供《そな》へむとてゆく　寒食《かんしよく》の朝
御母《おんはゝ》は　王に白き新衣《にひごろも》纏《まと》はせ
＊耳脇《みゝわき》の髪毛《かみけ》　あざなひたまひつ
「今日《けふ》よりは　泪すまじ　ゆめ泣くまいぞ」
その日よりして泪の王は
母に隠《かく》れ　人を離れて　心に泣くすべをぞ學びたるなれ。

朽葉《くちは》の色づきたる山路《やまち》を、＊烽火臺《ほうくわだい》の崩《くづ》れのこるほとりを　追はる
る者の歌吟《くちずさ》みさまよふときも　岩蔭《いはかげ》の石佛《いしぼとけ》は　身じろがず
眉《まゆ》上げず――、

裏山の將軍岩に日《ひ》毎《ごと》宿《やど》る浮雲《うきぐも》の　王の泪を載せては消えし幾たび
ぞ。

われは王にてあり　御母《おんはゝ》の獨子《ひとりご》われは　かく耀《かゞよ》へる王にてあり、
さなり泪の王、地《ち》の涯《はて》　國のかぎり　哀《かなし》みあるところ　そは統《な》べ
て王のしろしめす領土《りやうど》にてあり。

＊正月十四日宵――この日、月あかりに影を映して首の缺けたるは早く死ぬる
といふ占ひの習俗あり。
＊耳脇の髮毛――童子童女の耳脇に髮毛をあざなひ添へて未婚のしるしとなし
たるをいふ。
＊烽火臺――國事の急變等に烽火を擧げて合圖となしたる山上の臺。

呉相淳

アジア最終夜の風景

〈アジアの眞理は夜の眞理である〉

アジアは夜が支配する、そして夜を統治する、
夜はアジアの心の象徴、そしてアジアは夜の實現、
アジアの夜は永遠であり、アジアは夜の受胎者である。
夜はアジアの產母であり、且つはまた產婆である。

アジアは夜が餞《はなむ》けた贈物である。
夜はアジアの主《あるじ》であり　守護神《しゆごしん》である。
アジアは闇《やみ》の神がしろしめす國土であり、世界である。

アジアの夜は限りなく廣く　底知れぬまでに深い。
夜はアジアの心臓である。アジアの心臓は夜を鼓動する。
アジアは夜の呼吸器管、そして夜はアジアの呼吸、
夜はアジアの眼《まなこ》である。夜を通して一切相を洞察する、梟《ふくろ》の眼の
やうに——。
夜はアジアの耳である。アジアは夜によつて一切音を聽取《きゝと》る。
夜はアジアの感覺であり、感性であり、性慾である。

アジアは夜によつて萬有愛に醒め、抱擁する。
夜はアジアの食慾である。アジアは夜を食べて息づく。
アジアは夜に向けその靈魂の糧《かて》を求める、猛獸のやうに――。
夜はアジアの芳醇な酒である。アジアは夜を醉ひ、歌ひ、且つ踊る。

夜はアジアの心であり、悟性であり、その行《ぎやう》である。
アジアの認識も、叡智も、信仰も、すべて夜の實現であり、表現である。

アジアの心は夜の心――アジアの生理系統と精神體系は　蓋し
アジアの夜が織りなせる神祕的所産たらずんばあらず――。

夜はアジアの美學であり、宗教である。
夜はアジアの唯一の愛であり、誇であり、寶玉であり、榮光である。
夜はアジアの靈魂の宮殿、個性の基、性格の礎《いしずゑ》、
夜はアジアの持つ無盡藏の寶庫である——魔法使の箱のやうな、
夜はとりも直さずアジア、アジアはとりも直さず夜、
アジアの悠久たる生命と、個性と、性格の歴史は　夜の記錄であり、
夜の神の足跡であり、夜の造化であり、夜の生命の創造的發展史。
見よ　アジアの山河、大地、物相、風物、人物、品格、文化——、

有相無相の一切をおしなべて夜の洗禮を受けざるはない。
アジアの山脈は　アジアの水のリズムを象徴し、アジアの水のリズムまたアジアの夜のリズムを象徴し――、
アジアの乙女らの黒髪にこもるアジアの夜のほのかなる息吹《いぶき》のリズム――。

片腕よく地軸を搖《ゆる》がし天地を含吐《がんと》するに足る逞ましく猛《たけ》きアジアの男《を》の子にも　その心の一隅に早《さ》乙女《をとめ》の髪毛にも似てあやしく震へ縺《もつ》れ寄《よ》る夜の潮《うしほ》のリズムがある。仄かにも立ちゆらぎ　漂ひ合ふその曲線。

且つはアジアの男の子等が己《おのれ》を賣りて、酒と、美と、吐息を購《あがな》ふ

浩蕩な放遊性も支へ難いこの夜のゆゑ、
夜に酔ひ、夜を愛し、夜を歡喜し、夜を讃へ、夜を崇め——夜生
れて夜を生き、夜の中に死にゆく、夜はアジアの運命である。

アジアの沈默と、靜謐と、幽寂と、枯淡と、典雅と、曲線と、餘
韻と、玄晦と、幽影と、後光と、
さては滋味、三昧、醍醐味、——これらはアジアの夜の神々の饗
宴に供ふべき交響曲の樂譜——、
おゝ　崇嚴にして幽玄なる、神祕にして不可思議なるアジアの夜
よ。

太陽は燃燒し、刺戟し、誇張し、傲慢に君臨し、命令する。

且つは男性的であり、父格であり、積極的であり、攻勢的である。
隨つて、物理的であり、現實的であり、學問的であり、自己中心的であり、鬪爭的であり・物體的であり、物質的である。

太陽の子女等は氣負ひ立ち、嫉妬し、爭ひ、建設し、破壞し、突進する。
白日の下　自信を以て萬有を分析し、解剖し、綜合し、統一し、盛《さか》ることを知つて衰へるを知らず、勢《きほひ》よく冒險し、制作し、雄叫び、身じろぎ、疲勞する。
差別相に低徊し、有《いう》の面に固執する、
こゝに圖らざる悲劇の誕生の胚胎はある。　――その一節――

呉煕秉

爐邊哀歌

夜《よ》もすがら風は鳴り　空《そら》に滿つるなり
裏山の柿の木の、葉一つ殘らず散りたらむ。
季節の凋落、葉《は》每《ごと》に宿る情熱の血を
里の子等《ら》こぞりて　踏みしだくなるべし。

時刻《とき》さへ定めあへぬ　おゝわが破鐘《やれがね》よ
鬱寂の夜空《よざら》を　そも默守《もくしゆ》すべしや。

雲のかぎり叫べる雁《かりがね》の聲も
いまははた遠のきたり　空蒼き彼方《かなた》へ。

獨り爐邊《ろへん》にゐて眼閉《まなこ》づれば
鄕愁の霧雨《きりさめ》に　しとゞ濡れゆく念ひ。

夢のごと遙けき　過ぎし日のわが愛よ
汝《な》が乳房《ちぶさ》より追ひ放たれて幾久《いくひさ》しきぞ。

吹き荒るゝ嵐に　道なき道を
辿り喘《あへ》ぎて　わが心臓《こゝろ》の裂かれたるかな。

抱《いだ》ける刃《やいば》の赤錆びたるまゝ
焉《いづく》んぞ堪《た》ふべしや　路傍《みちのべ》の屍《かばね》を。

語《かた》らはぬ冷灰《はひ》に現はれゆく文字《もじ》の
掻《か》き消すによしなき　そこはかの想ひ出。

——やがて　雪白く野山《のやま》に舞はむ。
——やがて　日は暮れむ。

呉章煥

ハレルヤ

哀哭《あいこく》が聞えて來る。人家《じんか》に、人家の集《つど》ふところに。
またしても今宵《こよひ》　夜毎《よごと》の月はさしのぼり。
黄ろい雲を仰いで

マント着《つ》けた人が丘の上に呟《つぶや》く、

羽のやうに、
不《ふ》吉《きつ》な四《し》足《そく》獣《じゆ》の羽のやうに
釣鐘マントは闇《やみ》を蒔《ま》き散らし——、

道といふ一切の道が冥府《よみ》に向けられるとき
暗黒《くらやみ》の杜《もり》に城門は開かれ
いづくよりか　酒醸《む》れる匂ひと花の眠り。

たゞ見る　一《ひと》すぢ白く光る流れ——、

マントの人は首擡《もた》げて
得體《えたい》知れぬ歌をうたひ。

はるか一すぢに　もの寂びた江《かは》が流れ
暗闇《くらやみ》の底《そこひ》に冷たき　蛇《くちなは》流れ——サタンは流れ——
眼の痛いまで　紅い薔薇《さうび》が流れ——。

The Last Train

暮れる驛頭に　お前を見送る
悲哀よ！

改札口には
使ひ古した切符《きっぷ》と　鋏《はさ》み切られた青春のかけらが散らばひ
蝕《むしば》まれた歴史が貨物車に積込まれてゆく。

待合室に殘る人たちは

この上
誰を待つのだらう。

こゝでカインに出遇つたら
聲《こゑ》擧《あ》げて泣きもしよう。

龜よ　のろのろと追憶を載《の》せてゆけ
悲しみに通《かよ》ふ路《ろ》線《せん》が
お前の背《せ》には地圖のやうにひろがつてゐる。

朱耀翰

春をのぞみて

水蒼《みづあを》く砂を透《す》かせて　島影に白帆まつはり
野のあなた薄むらさきの　春の靄《もや》ぬれしづむころ
丘《をか》の邊《へ》に花を摘むとて　麓路《ふもとぢ》にきみを見むとて
往きもどる白きこころもの　慕《した》はしきかの地《ち》をのぞみ
いざともに　われらゆかなむ――。

立つ秋の陽《ひ》ざしはあつく　松《まつ》の木のいまだをさなき
弟の塋《おくつき》の前　名なし草生《お》へるぞあはれ
山里《やまざと》の麥打つ丘に　蜻蛉《やんま》來て飛べるひと日の
をさなゆめ搖れてほのけき　かのころのかの山のぞみ
相ともに　われらゆかなむ――。

齡《とし》經《ふ》りし楡《にれ》の梢《こずゑ》に　朝夕《あさゆふ》を鵲《からす》來て啼き
蔦草《つたぐさ》の青くしげりて　搦まれる墻《かき》のほとりに
降りそぼる雨をうれしみ　花摘みてうたひ戯《たは》れし
屋根低きふるさとの家　なつかしきかの春のぞみ
よりそひて　われらゆかなむ――。

雨の音

雨が降ります
夜はしづかに羽《はね》をひろげ
雨は庭先に呟《つぶや》きます
そつとさゝやく雛子《ひよこ》のやうに。

おぼろ月が絲屑《いとくづ》のやう
星からも春が滴《したゝ》りさうに
生溫い風が吹いたと思つたら

けふは　この闇《くら》い夜《よる》を雨が降ります。

雨が降ります
なつかしい訪《おとづ》れ人《びと》のやうに、
窓明けて迎へようにも
目には見えず　呟《つぶや》きながら雨が降ります。

雨が降ります
庭先に　窓邊に　屋根の上に
人知れぬ　たのしいしらせを
こゝろにもたらす雨が降ります。

春の月を捉らうと

春の月を　捉《と》らうと
蒼影《かげ》を踏んで　來てみたら
丘の草を吹く風ばかり
月は　江《かは》のあなた　はるかへ。

春の月を　捉《と》らうと
金波《なみ》を漕いで　來てみたら
石洗ふ瀬音《せおと》は寂びて

月は　野を越え　峠向ふに。

春の月を　捉《と》らうと
夜《よる》を匍《は》つて　天《そら》によぢれば
そつと顔をさしのぞかせて
「夢でなくば　よも來られまい」。

春の月を　捉《と》らうと
夢路《ゆめぢ》辿《たど》つて　來てみたら
星たちが立はだかつて
「夢でなくば　よも來られまい」。

徐廷柱

花蛇

麝香薄荷《じやかうはくか》の裏路だ
美しい蛇《へび》——、
どんな大きな悲しみで生れあはせたのだらう　あの無氣味な様子
は。

*花紐《はなひも》みたいだ。

お前の先祖《せんぞ》がイヴを唆《そゝの》かしたその達辯の舌先《したさき》が
ペロリペロリと燃えてゐる眞紅《まつか》な口でもつて
蒼空だ　そら喰《くら》ひつけ　怨《うらみ》一ぱい喰《くら》ひつけ。

遁《に》げろ　あん畜生《ちくしやう》の鎌首《かまくび》！

礫《つぶて》を放《はふ》り放《はふ》り　麝香芝生《じやかうしばふ》を彼奴《あいつ》のあと追つかけるのは
何も大昔《おほむかし》　祖父《ぢい》の女房《にようぼ》がイヴだつたからといふわけぢやない、
石油を舐《な》めたやうに――石油を舐《な》めたやうに――あゝ　息がきれ
る。

針で刺して締《し》めようかしら――花紐《はなひも》よりもきれいな色。

クレオパトラの血を吸つてペロペロ燃える紅い唇《くち》――失《う》せろ蛇《へび》！
うちのあの娘《こ》はとつて二十《はたち》の　小猫みたいに可愛いゝ唇《くち》――失《う》せろ蛇《へび》！

＊花紐――幅一寸、長さ尺餘の布切を合はせて下服の足首を結ぶに用ひる紐（タニム）。その紐に花模樣を繡《ぬひと》れる如しとの意。

辛夕汀

石

石一つ雨に濡れゐて　苔蒼《こけあを》くむし
靜けき黃昏《たそがれ》の沁《し》み入るごとし。

かの石の下
小《ち》さき蘭《らん》一つ　植ゑばやな

石のごと　もの言はず育ち
月の光のごと　蒼《あを》き香《かを》りのこもらむに。

幾千年　過ぎし日の物語秘《ひ》めてか　かの石――。
幾千年　後《のち》の世《よ》の物語秘《ひ》めむか　かの石――。

石に似て　浄《きよ》らけく
和《なご》めるこゝろ　肖《あや》からむ
聖《み》堂《だう》に灯《とも》れる　燭《ともしび》のごと
穢《けが》れなきほむらと　わが老ゆるまで。

わたしの夢を

陽ざしの　透《すきとほ》る空の蒼い路を踏んで
見はるかす山向ふの見知らぬ國へ　みぐるみわたしを抱《だ》き運《はこ》んで
　下さるでせうか
お母さんが　もしも雲になれたら——。

凪凪《な》いだ夜《よる》の空　靜かな銀河《ぎんが》を漕ぎわけて
星の國を殘らずわたしに見せて下さるでせうか

お母さんが　もしも新月《しんげつ》になれたら――。

もしもわたしが山鳥《やまどり》になつて　塒《ねぐら》に眠入《ねい》つてゐるとしたら
お母さんは星になつて　月のない夜《よる》の空《そら》から
その蒼い瞳《ひとみ》でもつてわたしの夢をさし窺《のぞ》いて下さるでせうか。

お母さんが　もしも新月《しんげつ》になれたら――。

わたしの寝床を

あなたはわたしの寝床《ねどこ》をお護《まも》りになれますか
あなたは　なぜわたしが寝床《ねどこ》近くへ
あなたをお招《まね》きしたか　ご存じですか
そしてあなたは躊《ため》らはず　わたしの寝床《ねどこ》のすぐ傍へ
その愼《つゝし》み深《ぶか》い歩《あゆ》みを　お運び下さるでせうか
春よ――。

わたしは　この麗《うるは》しい綠《みどり》の寝床《ねどこ》をあなたが齎《もたら》したことをよく存《ぞん》じ

てゐます
且つは　わたしによき眠《ねむ》りを餞《はなむ》けるため陽《ひ》もまだ沈まぬうちから
あの遠い杜《もり》の蔭《かげ》で　平和な夜《よる》を用意しては
靄《もや》こめた湖水《こすゐ》の上を　そつとわたしに送られることも知つてゐる
のです

春よ――。

陽ざしをなつかしむ山鳥や　幼い野鳩《のばと》の群を
彼等の素朴《そぼく》な寢床《ねとこ》へ歸らしめ
江岸《かはぎし》にざぶりとかゝる波も寢靜《ねしづ》まらせて
蒼い星屑《ほしくづ》の二つ三つを　その靜かな江面《かはづら》に流しやり
あなたの夜《よる》を照らすあの月にも　面紗《ヴエール》を蔽《おほ》はせて　さて

大地に彩《いろや》なされるこれら仄蒼《ほのあを》い夢をあなたは靜かに見護《みまも》るのです
どこその低い丘《をか》に坐《ざ》を占めて――。

春よ、
あなたが　嬰兒《みどりご》の頰のやうな柔い寢床《わどこ》をわたしに與へ
莊嚴で平和な夜を　わたしに齎《もたら》すやうに、
わたしの生活《いとなみ》のうちでこよなく喜ばしい「眠り」が　夢もなく圓《まど》
　ろかに結ばれる前
麗《うるは》しい朝《あさ》をわたしに約束し、
その眠りの醒めるまで
わたしの寢床を見護《みまも》つて下さるでせうか　いつまでも
春よ――。

趙明熙

驚異

お母さん　お聴きですか
あの黄昏《たそがれ》の　さゝやきを、
杜《もり》の木《こ》の間《ま》に　闇《やみ》はさしのぞき
溪川《たにがは》のせゝらぎも　ひとしほ細りました
樹々《きゞ》は　いま　禱《いの》りの時刻《とき》です。

お母さん　お聴きですか
手を置いて　耳澄ましてください
あの栗《くり》の木の下に
實《み》の落ちる音《おと》が　聞えるでせう
ことりと音がして　地《ち》に落ちたのです
宇宙の新子《にひご》が産《うま》れた報《し》らせです
灯燭《ともしび》さし上げて　お出でください
新らしい今宵《こよひ》の客　頭《かしら》を垂れて迎へませう。

春の芝生の上に

芝生《しばふ》で　わたしが跳《と》びまろぶとき
母上がこのさまを見てはくださるまいか。

をさな兒が乳房《ちぶさ》にすがつて甘《あま》えるやうに
わたしが春の芝生に戲れ遊ぶとき

まこと母上は　このさまを見てくださるまいか。

狂《くる》ほしいばかりの身悶《みもだ》えに
母《はゝ》よ！　母《はゝ》よ！　と呼び立てれば
地《ち》が應《こた》へ　天《そら》が應《こた》へて
いづれが母か　辨別《わか》つすべなや。

呪禱

主よ！
あなたが運命の箸《はし》で
この蛆《うじ》をさし挿み　地《ち》に落すとき
さだめしあなたも　矛盾の吐息《といき》をつかれたことでせう。
この汚辱の面《めん》が　地に投《はふ》り出されたとき

輝く陽《ひ》も背《そびら》を向け　顔しかめたことでせう。

おゝ　穢《けが》れた肉を何に喰《くら》はさうぞ
穢れたこの血を　どこへ押し流さうぞ、
主よ　つひに棄去りたまふものならば
いつそ雷《いかづち》の榮光を賜はらぬか
雷《いかづち》の榮光を！

趙重洽

黄昏

すでにして靄《もや》白く濡れ沈み
重《おもた》き沈黙《ちんもく》に閉されたる廢墟の
蔦《つた》かづらに似る思索の鍵袋《かぎぶくろ》まさぐり
樂浪《らくらう》千年の野葡萄を摘みとりて食《くら》ふかな。

*足袋《たび》紐《ひも》解きて　礫擲《つぶてなげう》ち
遥かなる歴史の湖心《こしん》に打沈《うちしづ》むる懐古
樂浪の古《ふる》き野に黄昏《たそがれ》はいま到れるなり。

*足袋紐——一四四ページ前註の同義。

安東茶寮

情景は頗《すこぶ》る溫和に見えて
その實《じつ》　冷やかな悲しみの底流《ていりう》はながれ、
卓上の連翹《れんげう》はさも淨らな春を裝《よそほ》ひ
異國娘ターシャは蘆《あし》のやうに瘦枯れてゐる。

歪《いびつ》な胡弓ながら錆びた傳統を窺《うかが》ひに來て
呑み慣れぬウォッカの　盃《さかづき》重《かさ》ねる焦燥《せうさう》。

一つ灯《び》のやうに熱《ほて》つた頬を大理石の卓子《テーブル》に當てがひ
沈默の深淵に憧憬《あくがれ》の釣絲垂《た》れても見るが――。

醉潰《ゑひつぶ》れはすまいか、いまにもべそを搔きさう
かうして　いつそいつ〳〵までも浮草の旅《たび》が續けられたら――。

張瑞彦

井戸

眞清水《ましみづ》は
地《ち》より噴《ふ》けど
——勢《きほ》ひ立つ鳶《とび》のごと、
江《かは》に　海に　流れとなりて
注《そゝ》ぎあへぬ井戸《ゐと》の水。

井戸の歎《たげ》きは
ひたすらに
噴き出づる　水の歎《なげ》かひ。

眞夜中《まよなか》の
井戸　いや深し、
――せつなき吐息《いき》に、
井戸に屈《かが》みて　顔映《うつ》し見る
疲れたる　わが化粧《けはひ》。

さしのぼる月影に　搖《ゆ》り開《ひら》く面ざしぞ

寂びたる井戸の微笑《ほゝゑみ》にして。

井戸水は　夜毎　夜毎
怒《いか》れる稚《ち》さき鳶《とび》一羽
泪《なみだ》もて孚《はぐ》くむ。

鄭芝溶

カフエー・フランス

移し植ゑた棕梠《しゆろ》の木の下に
斜《なゝめ》に立つ長明燈《ちやうめいとう》
カフエー・フランスに行かう。

こいつはルパシカ

もひとりはボヘミアン　ネクタイ
瘦《や》せこけた　ひよろすけが　お先棒だ。

夜《よる》の雨《あめ》は蛇《へび》の目のやうに細《ほそ》く
ペーブメントにうつろふ灯《ほ》影《かげ》
カフエー・フランスに行かう。

こいつの頭《あたま》は歪《いび》つな林檎
もひとりの心臓は蝕《むしば》まれた薔薇《さうび》
燕のやうに濡れた奴が跳んでゆく。

*

鸚鵡《ペロル》の旦那　グッ・イヴニング！
グッ・イヴニング！　御機嫌如何《いかが》、

鬱金香《チューリップ》お孃さんは　今宵もまた
更紗《さらさ》カーテンの下で假睡《うたゝね》ですね。

わたしは子爵の息子《むすこ》でも何でもない
とりわけ手が白くて悲しい。

わたしには家も郷《くに》もない
大理石のテーブルに觸《ふ》れる頬が悲しい。

おゝ 異國種《いこくしゆ》の仔犬よ
わたしのつまさきを舐めておくれ
わたしのつまさきを舐めておくれ。

ふるさと

ふるさとに　かへり來て
ふるさとの　あくがれ侘《わび》し。
雛《ひな》いだく野雉《のきじ》はあれど
ホトトギス　すゞろに啼けど、
ふるさとは　こゝろに失《う》せて
はるかなる港に雲ぞ流るゝ。

けふまた　山の端《は》に　ひとり佇《たゝず》めば
花一つ　あえかに笑《ゑ》まひ、

かのころの草笛《くさぶえ》　いまは鳴らず
うらぶれしくちびるに　あぢきなや。

ふるさとにかへり來たれど
ふるさとの空のみ蒼《あを》し　空のみ蒼《あを》し。

紅疫

石炭《せきたん》の中《なか》より燃えいづる
太古然たる火を圍《かこ》み
十二月の夜《よる》は　しづかに後《あと》へすさる。

玻璃《ガラス》も光らず

窓帳《まどかけ》も深く垂れたまゝ
戸には閂《かんぬき》の差されたまゝ——、
蜜蜂《みつばち》の群《むれ》のごと
吹雪《ふぶき》は縺《もつ》れさゞめき
いまいづくの里《さと》にか　*紅疫《こうえき》は躑躅《つゝじ》と燃えて爛漫たり。

*紅疫——はしか。

不死鳥

悲哀！　爾《なれ》をそも何に譬《たと》へむ
いと深きわが裡《うち》に爾《なれ》は生きたり。

さながらに立ちたる矢《や》　翔《かけ》らざる鳥
傷つける爾《な》が痛苦《いたみ》と　あつき泪《なみだ》をわれは祕む。

爾《なれ》を委《ゆだ》ぬるいづれの隣《となり》ぞ
密《ひそ》かに告げむ　「幸福《かうふく》」はいたく爾《なれ》を憎めりと。

まこと爾《なれ》　わが心臓《しんざう》を占《し》むるなりや
悲哀！　おゝわが新婦！　爾《な》がために　わが窓と　笑《わら》ひを閉《とざ》さむ。

わが青春の盡きたるとある日　爾《なれ》は死にたり
さはあれど爾《なれ》を葬る石門《せきもん》はあらざりし。

おのがじし燃えのこれる火の跡に雙翼をひらく
おゝ悲哀！　爾《な》が不死鳥　わが泪《なみだ》よ。

臨　終

わが臨終の夜は
蟋蟀《こほろぎ》一つも鳴かすな。

終りの罪《つみ》聽ける神父《しんぷ》は
聖《せい》なる産婆と　わが靈《たま》を禊《みそ》げかし。

聖母《せいぼ》就潔禮《しうけつれい》　彌撒《ミサ》に用ひのこれる黃燭！

墻《かき》にうつむく向日葵のごと
異《ことな》れる世の太陽をぞ慕《した》ひ巡《めぐ》らむ。

遙かなる旅路《たびぢ》の路銀《ろぎん》にとて來たまへる
聖主《せいしゆ》イエズスの戴ける圓光《ゑんくわう》
わが靈《たま》に七色《なゝいろ》の虹《にじ》とこそ耀《かゞや》け。

わが生涯《ひとよ》　且つは最終《をはり》の歎かひぞ
白金《はくきん》の　愛の溶爐《るつぼ》の火と燃えよ。

いと甘き聖母《おんはゝ》の　御名《みな》を呼ばひて
脣《くちびる》をしも渴《かわ》かしめよ。

白　石

狐谷の種族

お節句に　おいらはお母《かゝ》や父《ちや》について　おらんちの犬はおらについて　祖母《ばゝ》や祖父《ぢい》のゐる本家《ほんけ》にゆくと、

顔ぢう痘痕《あばた》だらけで　口数《くちかず》に合はせちや目をぱちくりする　日に布《ぬの》を一疋《いつぴき》織るといふ　野《の》つ原越《はらご》しに桃の木の多い　新里《しんり》の姑母《をばご》
姑母《をばご》のむすめ李女《りちよ》　妹むすめ李女、

十六で四十鰥《しじふやもめ》の後妻にいつた　やたらおちん腹《ばら》を立てる　肌《はだ》が飴《あめ》
ん棒《ぼう》みたいな　脣《くちびる》と乳首《ちくび》はもつと黒い　耶蘇《やそ》の村近くに住む
土山《とさん》の姑母《をばこ》、姑母《をばこ》のむすめ承女《しようちよ》　伜《せがれ》承つぺ、
六里もあるずんと向ふの　山越しの海邊で後家《ごけ》になつた　鼻つ面《つら》
のいやに豬い　いつも白い小ぎれいな身なりの　話のあとでは
めそ／＼泣くのが癖《くせ》の大里《だいり》の姑母《をばこ》　姑母《をばこ》のむすめ洪女《こうちよ》　伜洪童《せがれこうどう》
　弟《ちびすけ》の洪童、
梨の接木《つぎき》が自慢で　醉つぱらふと土臺石《どだいいし》を引《ひ》つこ抜く　鴨穽《かもわな》がと
ても得意な　遠い島へ魚漬《うをづけ》にゆくのが樂しみの　叔父《をぢご》　叔母《をばこ》
從姉妹《いとこ》むすめ　從兄弟《いとこ》たちが、
一ぱい祖母《ばゝ》や祖父《ちい》のゐる奥《おくり》に寄合ひ　部屋ぢう濯《すゝ》ぎたての着物の

糊が匂つて　小米餅《こごめもち》　*松皮餅《ソングもち》　黄粉餅《きなこもち》　粟餅《あはもち》の匂ひもして　豆腐　萌《もや》し　煮つけ　ぜんまい　豚肉　みな冷《ひや》つこい。

晩飯が済むと　おらたちは厩脇《うまやわき》の横庭つゞきの梨の木丘で　ねずみ追ひをして　隠れんぼうをして　尻《し》つぽ取りをして　轎《かご》乗つて嫁入り　馬に乗つて聟入りごつこをして　暗くなるまでわい〱騒ぐ。

夜《よ》の更《ふ》けた家《うち》ぢうでは　母《かゝ》たちは母《かゝ》たちで　下棟《しもや》に寄合つちや笑ひ立てたり話込んだり　おらたちはおらたちで　上の部屋に寄《よち》集《くは》つちや　お手玉遊びをして　おはじきをして　茶椀廻しをして　かぼちや取りをして　脚抜《あしぬ》き遊びをして　土器皿《かはらけざら》の燈芯《とうしん》を

引上げ引上げ　雉《にはとり》が何遍も鳴いて　やつとこさ　眠くなると
温突《オンドル》の焚口《たきぐち》*取合ひ　寝床のひつたくり合ひをして　がやがやば
たくく寝入る。それから戸に軒端《のきば》雀《すゞめ》の影がさす朝　嫂《あによめ》や姉《あんね》た
ちがざわざわ立動くお厨房《だいどこ》から　戸の隙間を　目張《めばり》の破れ目を
千切《せんざ》り大根の煮える美味《うま》さうな匂ひの立籠《たちこ》めるまで眠る。

＊松皮餅――松の花粉を煉り合はせてつくる銅貨大の菓子、あとくち稍苦がし。
＊焚口取合ひ――温突は焚口近くが最も温かし、その温きところを吾先に占めむとの小ぜり合ひ。

焚火

繩屑《なはくづ》も　尻切《しりき》れ草鞋《わらぢ》も　牛糞《うしぐそ》も　沓《くつ》の底も　犬の齒も　板ぎれも
藁屑《わらくづ》も　枯《かれ》つ葉《ぱ》も　髮の毛も　おん襤褸《ぼろ》も　棒つ切も　瓦《かはら》つか
けも　雞《とり》の羽《はね》も　犬の毛も　燃える焚火《たきび》。
*齋長《チエタング》も　*初試《チヨシ》も　*門長《もんちやう》さまも　作男の小倅も　聟どんも　嫁の身《み》
寄《より》も　旅の衆も　主人《おやぢ》も　爺《ぢい》さも　孫も　筆賣も　鑄師《いかけや》も　尨《むく》
犬《いぬ》も　ちんころも　みな焚火に當る。

焚火には　おらんちの祖父《ちい》がまんだ稚《ち》さい頃　父母《てゝはゝ》なしの　哀《おやげな》い
身の上で　足指を焼き捥《も》がれた　もの悲しい歴史がある。

＊齋長——郷村の古老に對する尊稱。（平安道地方）

＊初試——科擧制度の豫備試驗合格者をいふ。往々試驗を經ざる者も錢貨を貢ぎて稱號を得ることあり。延ては郷村の老人に對する尊稱として用ひらる。

＊門長——一門のをさ。

卞榮魯

うつゝには得逢はぬひとを

うつゝには得《え》逢《あ》はぬひとを　ゆめにこそ見むとて
ゆめ越ゆる蒼き峠路《たうげぢ》　辿《たど》り來《き》しかど
せんなしや　ゆめの　搖れ　搖れ
なつかしきかのひとの　近しとみればかつ遠《とほ》き。

あなや　われよしなき道につまづきて
相距《あひさか》る　かのひとの　萬里《ばんり》、
ふたゝびは　まみゆる日さへあらなくに
おもかげの
消え失《う》する夢《ゆめ》よりもなほ　おぼろしや。

傷心賦

蛆蟲《うじむし》も　嫌《い》み蔑《さげす》まむわれにして
なにゆゑに　かくも想ひの滾《たぎ》るなる
いやせちに　戀ふるこゝろの誇らしや。

燭《しよく》明《あか》く　いよゝ念ひの暗ければ
いづれにか　在《お》はすと知らね　ひたぶるに
戀ひわぶる　胸の潮《うしほ》ぞ　つのるなれ。

*

人の世の　幸篤《さちあつ》かりし幼《をさ》なごろ
きみとわれ　一つ丘邊《をかべ》に花摘《はなつ》みき
かのころは　花の色さへ濃かりき。

とある日の　われら海邊《うみべ》に遊ぶとき
飛びたるは　羽色《はねいろ》白き鳥《とり》にして
砂の上《へ》に翳《かげ》りし影は　紅《あか》かりき。

かゝるとき　いづれより來し風ならむ
砂《すな》舞《ま》ひて　をさなわれらの目は霞《かす》み

うろたへて　互《かたみ》に手をぞ求めたる。

*

げにわれら　風の嫉《わた》みを受けてしか
かの風の　裂けて吹けるにあらねども
さながらに　裂かれし衣《きぬ》の　西東《にしひがし》。

堰《せき》あへぬ　あつき泪の幾年《いくとせ》ぞ
いまもなほ　行交《ゆきかひ》にみるおもかげの
きみに似て　きみならぬこそ憂《う》たてけれ。

朴鐘和

からたち

香《かぐ》はしとも香《かぐ》はし
からたちの　圓《つぶ》ら實《み》一つ
柔《やは》らなる
黄《き》の實《み》の　そのめでたさ——。

掌《て》にこめて
まろばせば
えいはれぬ　和《なご》みぞ　うれし
世にまたと　あるべしや
浄《きよ》らけき　かゝる滑《なめ》らの——。

歡《よろこ》びに　えこそをのゝけ
純潔《じゆんけつ》を戀ふる　わが靈《たま》。

いざよふ香《か》の
鼻に當つれば
いや愛《めぐ》し　貴《たふと》しや

ゆめうつゝ　魅《みい》られしごと。

こもろへる　香《か》よ　いや永く
掌《て》の中《うち》に　とゞまれよかし
曇りとどめず　わが靈《たま》の拭はるゝまで。

密室

日は
伴《いつは》れる若き生《いのち》の日は
天《そら》と地《ち》に來り
里々《さと〳〵》に炎《ほむら》上げて燃ゆるとき
人こそは
生《いのち》こそは
美しき粧《よそほ》ひ凝らし
群なして
笑ひさゞめき

歌ひ　且つ囁《さゝや》きかはす――
かゝるとき　臨終《いまは》の際《きは》の
ひとり　身を震ふごと
破《や》れ裂《さ》けしこゝろのわれ
仄《ほの》かなる香《かう》のたゆたひ
寂《さ》び果《は》てゝ音《おと》あらぬ
閉《とざ》されしわが密室《みつしつ》をぞ目指《めざ》すなれ。

閾《しきゐ》には　あくびする黒き猫、
梁《はり》には愁《うれ》ふ　はつか鼠。

如何に造物神《かみ》　われもなほかの群の一人なる生《いのち》にてありや

わが斯くあることの　まこと生けるなりや
里々に溢《あふ》れたるかの甘《あま》き蠱惑《こわく》の香《か》の
げにそは　偽らぬ「眞《まこと》」にてありや？

月に聽く笛の音《ね》に似て
若人《わかうど》らのこみ上ぐる哄笑《わらひ》、
まことそは　生《いのち》の證《あかし》なりや
黴生《かびお》へる古塚《ふるづか》の
朽果《くちは》てし　骸《なきがら》のごと
衢々《ちまたちまた》に蠢《うごめ》けるもの
そはまこと　生きたるなりや　まことの生《いのち》流るゝなりや？
さらば　かへりゆかむかな　闇《やみ》に閉《とざ》せるわが密室へ――。

時節《とき》ぞ澆季の末世《まつせい》
陽《ひ》の光《ひかり》　失《う》する折《をり》しも
魂魄《たましひ》の慟哭《どうこく》は
憚《はゞか》らず蜜蜂《みつばち》の夢みる房《ねや》を押包《おしつゝ》み
姦《かしま》しく淫行《いんぎやう》の巣《す》を揺《ゆ》すれど
蠱惑《こわく》の杯盤《はいばん》に浸《ひた》りて
人みなは打笑ひ　さゞめきて　はてしもあへず。

いざさらば　かへりゆかむ　常闇《とこやみ》のわが密室へ
仄かなる香《かう》ぞこもれる　わが密室へかへりゆかなむ。

如何に造物神《かみ》　われに眞《まこと》の生《いのち》を賜へ

世にはあらぬものならば鍵《かぎ》をこそ賜へ
冥府《よみ》の扉《と》の鍵をこそ！
常闇《とこやみ》の遍路《へんろ》となりて
われ　眞《まこと》の生《いのち》を探《と》めん。

漆《うるし》　落ちたる棺《ひつぎ》を指《さ》し
こは眞《まこと》ぞと　敎へなば
自《みづか》らわれ棺《ひつぎ》に入りて
虚華《いつはり》の人生《ひとよ》を呪詛《じゆそ》せむ、
かの星の下　横《よこた》へる骸《むくろ》に
眞《まこと》のありと囁かば
走りゆき　骸《むくろ》に倚《よ》りて

その眞《まこと》と道伴《みちづれ》せむ。

さなり　世は濁りよどめる深き闇
生《いのち》こそ　ゆらぎはためく燭《ともしび》の暈《かさ》
いや聖《きよ》く若き生《いのち》を　如何でわれ
淫樂《いんらく》の夢はびこれる
蠱惑の園《その》に投げ與へむや、
さらばわれ　かの冥府《よみ》の
眞《まこと》の生《いのち》　探めゆかむ
鍵を賜へ　冥夜《よみ》の扉《と》の鍵をこそ賜へ。

世の人の　研《みが》くは石鏡《かゞみ》

粧《よそほ》ひの　いや凝《こ》らさむと
媚《こび》　笑《わら》ひ　いや湛へむと、
おゝ　鐵《くろがね》を打割《うちわ》らば
眞《まこと》の音《おと》ぞ響くべき
眞《まこと》の號泣《さけび》聞ゆべき――。

かの天《そら》に　星はまどろみ
佯《いつは》りの若き生《いのち》ぞ涯《はて》しもあらぬ野に狂ふなれ
いざさらば　かへらなむ
寂《さ》びて音《おと》なく
仄《ほの》かなる香《かう》立ちゆらぐ
閉《とざ》せる闇《やみ》のわが密室へ　いまぞわれかへりゆかなむ。

朴英熙

夜空こそわがこゝろ

夜空《よぞら》こそ　わがこゝろ
闇けれど　いよゝ深しや
歎《なげ》かひに　かつは憂《うれ》ひに
閉《とざ》さるゝ　身にしあれども
こゝに三つ　かしこに五つ

祕めたるは　煌《きら》めける星。

夜空こそ　わがこゝろ
闇けれど　いよゝ涯《はて》なし
煩悩《ぼんなう》は　星と散らへど
こゝろ海　千尋《ちひろ》の底《そこ》に
宿れるは　かの海王《かいわう》の
蒼白き　面ざしにして。

夜空こそ　わがこゝろ
ひとすぢに　白く光りて
横《よこた》へる　銀河《ぎんが》を胸に

たゆたひて　流れ絶《たえ》せず
夢《ゆめ》傳說《つたへ》　夜々《よゝ》織《お》りなして
わが小《ち》さき　幸《さち》にこそ副《そ》へ。

夜空こそ　わがこゝろ
夕星《ゆふぼし》は　過ぎし日の愛
曉《あかつき》に　殘れる星ぞ
わがけふの　見出《みい》でし希望《のぞみ》、
東雲《しのゝめ》の　空離《そらはな》たれて
よしや影《かげ》　失はるとも。

朴八陽

夕ぐれ

わたしはそなたの雲雀《ひばり》のやうな語《かたら》ひを愛する
それにもましてそなたの言葉《ことば》なきを愛する、
言葉は所詮《しよせん》　美しく小《ち》さい一個の玩具《おもちや》
わたしは玩具《おもちや》に飽《あ》いた伸《のび》ざかりの子供なのだ。

わたしはとりわけ　そなたの歌を愛する

まこと　こゝろ酔ふばかりの　恍惚たるその歌よ！
西空《にしぞら》に茜映《あかねは》ゆる夏の夕《ゆふ》ぐれ
そなたのくちずさむ歌　如何《いか》ばかりわたしを歡《よろこ》びに魅《み》することぞ。

歌にも心倦《う》むとき　そなたは窓に凭《もた》れて沈默する
おゝ　その眞實《しんじつ》に滿てる華やかな沈默！
わたしは　もの言はず立《たち》つくす麗はしいそなたの窓越しに
夏の夕ぐれの燃える茜《あかね》を夢のやうに憧憬《とうけい》する。

病友

病臥《やみふ》したきみに念《おも》ひを逸《は》せて
僕はいま　机《き》前《ぜん》に暝坐《めいざ》してゐる。
夜《よる》　侘《わび》しい夜《よる》　親しい人のいやさらになつかしまれる夜《よる》
いつも孤《こ》獨《どく》なきみの枕邊《まくらべ》に
いまごろ　慰め勞《いた》はる誰かゞ來てゐるだらうか。

病臥《やみふ》したきみに念ひを逸せて
僕はいま　ひとり身じろがずにゐる。
夜《よる》　靜かな夜《よる》　風の音《おと》さへひときはこゝろに沁《しみ》る夜《よる》
痛《いた》はしや　志《こころざし》　容れられざる世に
悶《もだ》え敗《やぶ》れて病《や》める　純情の若《わか》き友よ。

さすらひ人

さすらひ人《びと》――彼は一個のコスモポリタン
誰も　その故國を知らない。
大空を翔《か》ける鳥の自由
彼の足には　搦《から》むべき何物もない。

さすらひ人――彼は一個のニヒリスト
纏《まと》ふ衣《ころも》の悲しい裾《すそ》が　風に　飜《ひるがへ》る。

苦《にが》い過去よ　物倦《ものう》い現在よ
彼は　來《きた》るべき日の夢さへも流れに浮べる。

さすらひ人——彼は一個の樂天家
失ふものとてはなく　有るはたゞ得《う》るものばかり
ふるさとと　妻と　名と　安樂とは
棄つることにより　再び得《う》べき　彼《かれ》の身上《しんじやう》。

さすらひ人——そなたはほろ苦《にが》い唾《つば》を呑む、
さすらひ人——そなたはかなしい大空の自由な鳥だ。

朴龍喆

ふるさこを戀ひて何せむ

ふるさとを戀ひて何せむ
血縁《ちすぢ》絶え　吾家《わがや》の失せて
夕鴉《ゆふがらす》　ひとり啼《な》くらむ
村井戸《ゐど》も遷《うつ》されたらむ。

をさな夢　母の墓邊《はかべ》に
とゞめてぞ　さすらひ流る

浮雲《うきぐも》の十年《ととせ》はるかよ
ふるさとを戀ひて何せむ。

かの空に描《ゑが》きても見む
新らしき　希望《のぞみ》　歡《よろこ》び、
想ひ出は散りしく花の
吹けよ風　憩《いこ》ひなき身に。

はかなしや　ふるさとのゆめ
いまははた踏みしだかれて
契《ちぎ》りつゝ　人に堰《せ》かれし
初戀のせつなさに似る。

額

巨《おほ》いなる夜《よる》の闇《やみ》に　明々《あか〱》と灯《ひ》を點《とぼ》し　獨り坐れば　ものみな奪《うば》は
れゆくごとき寂しさ、
せめては一本《ひともと》の野の花あらば　いかばかりこゝろ和《なご》まむ。
ものみな奪はるゝこゝちに　瞼《まぶた》閉《と》づれば　照《て》りかへす總身《そうみ》は蒼白
き光放《はな》つ燐光《りんくわう》、

せめては蟋蟀《こほろぎ》一つ鳴かば　いかばかりこゝろ彈《はず》まむ。

蒼き炎に身を焚《た》けば　冷《つめた》き額《ひたひ》冴《さ》えひらきて　觸《は》ひゆく神經《しんけい》のこそばゆさ、
せめては戀ふる星一つこゝにありなば　いかばかりのよろこびならむ。

毛允淑

薔薇

わがこゝろの傍《かたへ》
ひそやかなる蔭《かげ》にぞ
薔薇《さうび》は咲く。

夜闇《よるくら》からず

星遠からず
薔薇《さうび》は夜《よる》も寢《いね》ざるなり。

杜《もり》なき野
天《そら》の拓《ひら》けざる道
風の通《かよ》はざる丘《をか》
薔薇《さうび》は黝《くろ》き江邊《かはべ》にぞ立つ。

爾《な》が根はわが生命《いのち》に倚《よ》りたり
わが眼《まなこ》 閉《とざ》さるゝ前に　爾《なれ》は得去《えさ》らじ。

爾《なれ》は　わが裡《うち》に在りてぞ咲く

春なく　雨なく　空なきところ
幸薄《さちうす》きわがこゝろに宿《やど》りてぞ咲く。

夜闇《よるくら》からず
星遠からず
爾《なれ》は　夜《よる》も寝《いね》ざるなり。

をみな子のうたへる

こゝろ波立《たみだ》ち　騒《さわ》ぐとき
親《した》しき聲《こゑ》の訪《おとな》ひて
わが靈魂《たましひ》を搖《ゆす》るなり
「をみな子よ　何を煩《わづら》ふ」。

臥床《ふしど》にひとり倚《よ》れるとき
倦《う》み疲《づか》れたるわが胸《むね》に
やさしき御手《みて》の觸《ふ》るゝなり
「いねよ　ねよ　こゝろ安《やす》らに」。

身の貧《まづ》しきを歎《たげ》くとき
かの　なつかしきおもざしの
いづくともなくあらはれて
「朝鮮のをみなぞ　汝《なれ》は」。

こゝろに慕《した》ふ人ありて
ひとり泪《なみだ》にくるゝとき
慈《いとほ》しむごと　かの聲の
「戀のみの　人の世ならじ」。

李光洙

はらからよ

はらからよ
崩《くづ》れのこる石《いし》の塔《たふ》にひざまづき
くちずさむわがうた
聽きたまふや　聽きたまふや。

はらからよ

毀《こは》たれし香爐《かうろ》に　震《ふる》へる手の
焚《た》きくゆらす紫丹香《したんかう》
嗅《か》ぎたまふや　嗅《か》ぎたまふや。

はらからよ
御身《おみ》を戀ひ　そのあつき胸を戀ひ
城門《じやうもん》の外《そと》に待ち佗びて泪ぐむわれ
見たまふや　見たまふや。

筆一管

筆《ふで》一管《いつくわん》
われら一生《ひとよ》を偕《とも》にせむ。

篤《あつ》き恩《めぐみ》
世に受けしくさ〲の恩《めぐみ》
いかで酬《むく》いむ
何《なに》もて酬《むく》いむ　すべなしや。

胸ふたぎ
思ひ悶《もだ》ゆる旅人《たびびと》よ
しばしは憩《いこ》へ
わが語《かた》る言《こと》の葉《は》に　耳《みゝ》貸したまへ。
筆《ふで》一管《いつくわん》
われら　物語《ものがたり》綴《つゞ》らばや。

李相和

わが寢室

マドンナ　「夜《よる》」ははやかへりゆく　經《へ》めぐるに疲れ呆《ほう》けて
御身《おみ》も東の白《しら》まぬうち　水蜜桃《すゐみつたう》のその胸に　露《つゆ》置かせて急《いそ》ぎ來《こ》よ。
マドンナ　疾《と》くぞ來よ　眼《め》もて傳《つた》へし爾《な》が家《や》の眞珠《しんじゆ》に　心惹《ひ》かれ
な身《み》一《ひと》つで來《こ》よ

急がずや　曉《あかつき》來《きた》らば　いづくともなく隱《かく》れ失《う》せなむわれらは二
つの星なるを。
マドンナ　光とゞかぬこゝろの闇《やみ》に　われは佇《たゝず》み　懼《おそ》れてぞ待つ
いつしかに一番雞《はつどり》は鳴き　犬の群吠《ほ》ゆるなり　いとしきひとよ
御《お》身《み》も聽けりや。
マドンナ　いねがての一夜《ひとよ》をこめて粧《よそほ》へるわが寢室《ふしどや》へいまぞ來《こ》よ
褪《ち》せたる月は落ちなむとす　わが耳に聽く跫音《あしおと》　おゝ御《お》身《み》なりや。
マドンナ　燃えのこる芯《しん》を搔《か》き上げ　身《み》もそゞろ歎《なげ》きに暮るゝ
わがこゝろの燈燭《ともしび》を見よ

そよと吹く毛先《けさき》の風にも息は絶え〴〵　ほの蒼きけむり立てゝぞ
消ゆるなれ。

マドンナ　いざ來れ　*妖《あや》かしの小《こ》鬼《おに》にも似て動くともなく動き寄
るかの山の黝《くろ》き影
人目《ひとめ》怖《こは》しや　騷《さわ》ぐ胸　こゝろのひとよ　爾《なれ》を呼ぶ。

マドンナ　夜《よ》は明《あ》くる　急ぎ來《こ》よ　寺《じ》院《ゐん》の鐘《かね》の嘲《あざわら》はぬうち
爾《な》が腕《かひな》　いまこそ搦《から》めわが頸《うなじ》に、最後《いやはて》の國へわれらゆかなむ　こ
の夜《よ》とともに。

マドンナ　わが寢室《ふしど》は悔《くい》と懼《おそ》れの彼《か》の岸《きし》　訪《おとな》ふひとはあらじな

そよぐ風輕《かろ》やかに　その風の如《ごと》くに來《こ》よ　いとしきひとよ　まこと來《きた》るや。

マドンナ　あはれわれ　ものにくるひて　あらぬ音《おと》耳に聽きしか
胸の血の最終《つひ》の滴《しづく》も　涸《か》れ果てしごと　こゝろ悶《もだ》ゆる。

マドンナ　ひとたびはゆく路ぞ　さらばいざ　われら往《ゆ》かなむ
縛《いまし》めの手《て》繩《なは》を待たず
おゝ　御身《おみ》のみぞ疑ひ知らぬマリア——わが寢室《ふしど》こそ　復活《よみがへり》の洞《おく》
窟なるを。

マドンナ　夜《よる》の授《さづ》けし夢　われらがあざなふ夢　人の世の生《いのち》の夢

のいづれ醒《さ》めざる

おゝ　嬰兒《みどりご》の胸のごと歳月《としつき》知らぬわが寢室《ふしど》に　よきひとよ　いま

ぞ來よ　終《をは》りなき國に。

マドンナ　星々《ほしぐ》の耀《かゞや》き薄《うす》れ　夜《よる》の潮《うしほ》は　いまぞ退《ひ》く

靄《もや》晴れぬ間に疾くぞ來よ　わが想ひびと　爾《なれ》を呼ぶ。

＊妖かしの小鬼——民間說話に現はるゝ小鬼、貧しきを富まし强慾を懲らし等

する。

李章熙

春は猫ならし

花粉《くわふん》に似て柔《やはら》かな猫の毛並《けなみ》に
仄《ほの》かなる春の　香氣《かうき》はこもり、
鈴《すゞ》のやうに見聞《みひら》いた猫の瞳《ひとみ》に
狂《くる》ほしい春の　光《ひかり》は閃《きらめ》く。

しづかに結ぼれた猫の口邊《くちべ》に
のどかな春の　睡《まどろ》みは宿《やど》り、
突《つ》き延《の》びた猫の鋭《するど》い髯に
あたらしい春の　生氣《せいき》は動く。

雪ぞ降る

冬の日の朝ぼらけ
雪ぞ降《ふ》る。

かの雪　あまりに白く
雪のけはひ　いとかそけし
額《ひた》鎮《ひしづ》めて禱《いの》らむかな。

よきひとよ　哀《かな》しき光
爾《な》が脣を　彩《いろど》るなり
爾《なれ》もまた　かの雪をいとほしめりや。

雪降りて
われら　偕《とも》に禱《いの》らむときぞ。

李秉珏

五月

四月逝《ゆ》き
流れに浮ける花一輪《いちりん》
いざよひて
われらゆかなむ。

*七百里　行きつかば
やがて見ん海

きみとこそ
いざよひ流る。

*七百里――日本里程七十里。

悔夜

夜《よる》は
窓邊《まどべ》に　ひとり倚《よ》り
凍《こほ》れる月と　明《あか》すなり。

裂き棄《すて》られし　繪草紙《ゑざうし》の
いまははた　あへなき希望《のぞみ》、
青春《せいしゆん》の　暮《くる》る峠《たうげ》に
數《かぞ》ふるに　よしなき悔恨《くい》の募《つの》るかな。

噛《か》み破《や》れば　唇《くちびる》に　血は垂れど
泪《なんだ》に練《わ》りて飲み干《ほ》すは
あさはかの　をんなわらべが仕草《しぐさ》とや。

夜《よる》は
窓邊にひとり倚《よ》り
凍れる月と　明《あか》すなり。

李陸史

青葡萄

わがふるさとの　七月は
たわゝの房《ふさ》の　青葡萄《あをぶだう》。

ふるさとの　ふるき傳説《つたへ》は垂《た》れ鎭《しづ》み
圓《つぶ》ら實《み》に　ゆめみ映《うつ》らふ遠き空。

海原《うなばら》の　ひらける胸に
白《しろ》き帆《ほ》の　影よどむころ、
船旅《ふなたび》にやつれたまひて
青袍《あをごろも》まとへるひとの　訪るゝなり。

かのひとと　葡萄を摘まば
しとゞ手も濡《ぬ》るゝらむ、
小童《こわらべ》よ　われらが卓《たく》に銀《ぎん》の皿《さら》
いや白き　苧《あさ》の手ふきや備《そな》へてむ。

絶頂

いや猛《たけ》き季節の笞《しゅと》に　脅《おび》えつゝ
つひにわれ　北方《ほくほう》に來《きた》れるなり。

いまははた　かの空も　ひろごり倦《う》める高原《かうげん》の
霜《しゅ》白く研《と》ぎ光れる　刃《やいば》をぞ踏《ふ》める。

いづれに膝《ひさ》は折《を》り敷《し》かむ
足容《い》るゝ踏場《ふみば》もあらず——。
眼《まなこ》閉《と》ぢて念《おも》はむのみ
げに冬は　鐵《くろがね》の虹《にじ》にこそ。

柳致環

旗

こは　聲《こゑ》なき叫《さけ》びなり
かの蒼き海原《うなばら》に打振る　のすたるぢやあの手巾《ハンケチ》なり。
純情は潮《うしほ》に似て　風に飜《ひるがへ》り
ひたすらに　淨《きよ》く　ま直《す》ぐなる　理《り》念《ねん》の標木《へうぼく》の上に
哀愁《あいしう》は白鷺《しらさぎ》のごと　雙翼をひらく。

ああ　誰《たれ》ぞ
かくも切《せつ》なく　かなしき念《おも》ひを
始めに　空へ揭《かゝ》げたる人は——。

五月雨

どこその　撩亂《れうらん》な花畑《はなばたけ》を
狼藉《らうぜき》し　苛《さいな》んだ雨は　また
日がな一日《いちにち》　窓際《まどぎは》につき纏《まと》ひ
蛆《うじ》のやうに　何か　ねだりつゞけてゐる。

東海岸にて

白日《はくじつ》は中天《ちうてん》に懸《かゝ》りてわが無聊《ぶれう》に連《つらな》り
茫々《ばう〳〵》たる潮水《てうすゐ》の空《むな》しく干滿《かんまん》を重ねて地表《ちへう》を洗ふところ
こは　わが寂寥《せきれう》の空洞《くうどう》にして
透明《とうめい》なる絶緣體　忘却《ばうきやく》の邊涯《へんがい》たり。
哀愁《あいしう》はつひに渺漠《べうばく》としてかへり來《きた》らず
ひたすら念《おも》ひなき孤獨こそは一疋の小蟹《こがに》に滅するなれ、
ひとり　われ　砂上《さじやう》に在《あ》りて
乞食《こじき》の如く人生を懶惰《らんだ》せむ。

猫

猫は憎《にく》し。
その聲の佞《おもね》りたる、
その動作《どうさ》の敏捷《びんせふ》にして小なる、
そのあまりにも山脈の匂《にほ》ひを忘れたる、
しかして人を憤怒《ふんぬ》せざる、
虎に似て虎ならざる——。

非力の詩

憂患《いうくわん》は獅子《しゝ》身中《しんちゆう》の蟲《むし》
自虐《じぎやく》の　盞《さかづき》は膽汁《たんじふ》に似て苦《にが》し
まこと白日は何をか意味するものぞ
われは非力《ひりき》にして　足萎《あしなへ》
日曆《にちれき》は空《むな》しく汚辱の年輪《としわ》を刻み
殘れるはたゞ　獸《けだもの》の如き悲怒《ひど》のみ。

語れ　汝《なんぢ》！
焉《いづく》んぞ　けふの日に晏如《あんじよ》たる。

日　月

わが赴《おもむ》くところ
いづれか白日なけむ。

遠き未開《みかい》の遺風《ゐふう》をさながら
星辰《せいしん》と相共に寝《い》ね
雨風《あめかぜ》と相等《ひと》しく憂《うれ》ひて
わが生命《いのち》と
生命《いのち》に楔《くさび》せるものを熱愛《ねつあい》するも
愼《つゝし》み　愛憐《あいれん》に溺《おぼ》れざるは

そは　恥辱《ちじよく》のゆゑなればなり。

わが仇敵《きうてき》と
仇敵に佞《おもね》るものへ
いと直《なほ》き憎悪《ぞうを》を備《そな》へたり。

最後《つひ》の日の太陽《たいやう》が
向日葵《ひまはり》のごと瞳孔《どうこう》をさし貫《ぬ》き
いづれの不意にか　われ　獸《けだもの》の如く屠《ほふ》らるとも、

わが世のいみじき日月に
また何の悔恨《くわいこん》をか遺《のこ》すべき。

劉道順

百合開く朝

贈られた意《こゝろ》を語り顔に
枕邊《まくらべ》の百合《ゆり》が開ききつた朝《あさ》
隣の病室では　若い患者が息を引きとつた。
白布《はくふ》の圍《めぐ》りに　はためく蠟燭《らふそく》、

哀《かなし》みに押し包まれて息づく中を
歌ひ終へた修道女《しゆうどめ》らの　厳《おごそ》かな黙禱《いのり》。

生きるといふこと――、
死ぬるといふこと――、
百合の葉を手に挘《むし》り　うつゝなく目を閉《と》づる。

寂夜

ずしりと　鉛《なまり》一つの重《おも》さで
ひとり　こゝろを押し閉《とざ》す。

樹にそよぐ風もなく
空に星さへ瞬《またゝ》かぬ夜《よる》

底《そこ》ひなき静寂《しゞま》の中《なか》を
病み疲《づか》れた脈搏《みやくはく》の　獨り醒《めさ》めて身じろぐけはひ。
思ひひそめて　いよゝさびしく
手操《たぐ》り寄せては繰《く》り展《ひろ》げる　遠い日の追憶。

――聖母病院にて――

梁柱東

山路

山路《やまち》をゆく　ひとり
われ　山路をゆく。

陽は落ち　鳥啼かず
獸《けもの》の跫音《あしおと》　かすかなる――

山路をゆく　夜
ひとり　山路をゆく。

*

沈默《しじま》の夜《よる》
闇《くら》き杜《もり》、

行けどなほ盡きぬ杜《もり》
星さへ見えぬ闇《くら》き杜《もり》。
山路《やまぢ》嶮《けは》しや

山路遠しや。

*

行程《ゆくて》遙《はる》けき山路に
灯《ひ》一つ見ゆ。

（路なき路の果《は》つるはいつぞ
夜《よ》の闇《やみ》の　明くるはいつぞ。）

巖《いは》の上に
灯《ひ》一つ見ゆ。

海濱吟

きみ乘せる船とにあらね
空の涯《はて》　消えゆく白帆《しらほ》見てあれば
こゝろ憂《う》れたき。

＊

ひとり渚《なぎさ》に立ちつくし
長山《ちやうさん》の入照《いりひ》に見入れば
波は來て　つまさき濡《ぬ》らす　あはれ。

＊

朝《あさ》は早よから
岩の上で蠣採《かきと》り
日暮《ひぐれ》は淺瀬《あさせ》で　貝拾《かひひろ》ひ。

波のない夜《よ》は
釣《つ》り船《ふね》で月出《つきで》島《じま》へゆき
かゝらねば　月だけ乘せて漕《こ》ぎかへる。

秋夜二題

夜汽車

夜《よる》の雨を縫《ぬ》ひ
遠く汽笛が聞える、
その響《ひゞき》もいつか細《ほそ》り
汽車は野を越えて　北へ北へと駈けゆくけはひ――。

どこへ行く人たちであらう
この夜更《よふけ》を汽車が運ぶのは、

故國を離れてさすらひゆく
愁ひ多い旅人《たびびと》もさぞやあの汽車に乘合はせてゐたであらう。

さらでだに秋は
別離《わかれ》のかなしみも心に沁むものを、
家鄕を棄て　骨肉を離れて
見知らぬ他國へ向はねばならぬ人たち。

夜が更けても雨は歇《や》まず
耳に殘る汽笛に　どうやら眠れさうもない。
今は秋　まして夜雨《よさめ》の降る中を
旅ゆく人の想ひは　どんなにかうら侘しいことであらう。

砧の音

隣近《ちかく》から響いてくる砧は
夜《よ》が更けるにつれて一段と冴えるばかり、
さだめし眠氣《ねむけ》もささうに
雞《とり》が鳴いてもいつかな止みさうにない。

仲のいゝ相嫁《あひよめ》同士
樂しい語らひに興《きよう》じながら
連添《つれそ》ふ夫《をつと》の冬衣《ふゆごろも》を心こめて打つといふなら
心も勵まうけれど、

もしや苦勞《くらう》絶《た》えぬ世帶《しよたい》の
わが身に纏《まと》ふ着物どころか
氣のすゝまぬ賃仕事《ちんしごと》を
急がれて打つてゐる夜なべではないかしら。

柊柏油《とうはくゆ》の燈明《とうみやう》も
もの倦げに瞬《またゝ》いてゐるようこの夜更《よふけ》を
瞼《まぶた》も重《おも》からうに　手も疲れように
未《いま》だに鳴《な》りつゞいてゐる砧《きぬた》の音《おと》。

幼い頃は秋《あき》の夜《よ》の砧を
墻《かきね》の下で　よく歌がはりに聞いたものだが

いまはもう　とりとめもなく往交ふ想念《おもひ》に
幽風七月章《いうふうしちげつしやう》　詠《よ》みかへす氣にもなれない。

林學洙

神祕

海草《かいさう》の蔭《かげ》に睡《まどろ》む小さな貝《かひ》
黄金《こがね》の鍵盤《けんばん》を匍《は》ふこそばゆい觸感《しよくかん》——、
あなたのその指の　たをやかな　透《すきとほ》り。
百合《ゆり》を彩《いろど》る朝あけの露玉《つゆだま》、

湖面《みづうみ》に浮いては沈む銀魚《ぎんうを》のまなざし、
あなたの面《おも》に耀《かゞよ》ふ一瞬《いつしゆん》の冷《つめた》い冴《さ》え。

口邊《くちべ》より兩《りやう》の頰《ほゝ》へ　傳《つた》はりゆく仄《ほの》かな微笑《びせう》、
蒼ざめて　なほ嚴《おごそ》かなその額《ひたひ》――、
天地《あめつち》の神祕と未知《みち》は　みんなあなたが祕《ひ》めてゐる。

湖水と

蒼《あを》く湛《たゝ》へた小さな　湖《みづうみ》と、
湖《みづうみ》を圍《めぐ》つて鬱蒼《うつさう》たる樹立《こだち》、
頭《かしら》の上に白い雲、夜はこぼれる星屑、

その上　また何を望みませう
あなたと二人《ふたり》して營《いとな》む巣床《すとこ》に
愛よ！　乏しいものとてはもう何もないのです。

時折りしづく跳《は》ねる銀魚《ぎんぎょ》と
吹くとも見えぬ小風に　搖《ゆ》れ動く蘆《あし》二《ふた》つ三《み》つ、
葉末《はずゑ》の露、朝まだきを來ては啼く鳥、

その上　何をまた望みませう
あなたと二人して營む巢床《すどこ》に
愛よ！　乏しいものとてはもう何もないのです。

林和

失題

友よ　けふこのごろ　或る一つの運命に就て僕は考へさせられてゐる。

醒《めざ》めては
異變を夢み
いつも　わたしは
恙《つゝが》なかれと　それのみを願ひつゞけた。

幸福を祈るこゝろが
幾度《いくたび》か　わたしを
死に克《か》たしめた　その恩恵《めぐみ》は
忘れよう筈がないけれど——

幸福も　歡びも
無事平穩なその日〳〵に
見出《みいだ》されぬ道理《だうり》と知つては
わたしの生甲斐《いきがひ》なるものも
所詮《しよせん》は　花を落《おと》した薔薇《さうび》の蔓《つる》のやうなもの。

綠の葉を愉《たの》しとするには
あまりにもわたしは若く、
ましてや　枯枝《かれえだ》を愛ほしむには
あまりにも心《こゝろ》稚《をさな》いわたし——。

いまは　もう
生き永《なが》へるために恙《つゝが》なかれと願ふことが
われからにこゝろもとなく　うらがなしく、
身もこゝろも虐《さいな》みつくす
運命の褥《しとね》が
なぜか　戀人のやうに慕はしくなるばかり。

盧天命

鹿

かなしきは　汝《なれ》が頸《うなじ》ぞ
つゝましう　ものさへいはず
麝《じや》に匂《にほ》ふ冠《かうむり》　あはれ、
ゆかしとも　いみじき性《さが》よ
氏育《うぢそだ》ち　偲《しの》びこそすれ。

水の面《も》に　映《うつ》るわが影
みつむれば　ふるさと戀し、
想ひ出は　遠き日のゆめ
侘《わ》びてこそ　頸《うなじ》さし上げ
いやはての　山脈《やま》を視《み》るかな。

幌馬車

汽車が渡る――帯《おび》の幅ほどある江《かは》の橋を
こゝから先はもうよその國――、
味氣《あぢき》なや　洟《はな》たれのまゝごとよりもうらはかなや。

幌馬車《ほろばしや》に搖られて　いつそ唐菓《アガウイ》でもしやぶりましよ、
カチューシャの頭巾《づきん》をして　こんなに駈《か》けらしてみたいな

さだめし　けふの公爵は　あと追はないのがさみしかろ。

わたしは　こゝの言葉を知らない
胡人《こじん》の柩《ひつぎ》が並んだ野面《のづら》を　馬車は駈ける　駈ける、
曠《ひろ》い野に放しても　放たれぬは心の絆《きづな》
シガーも吸へず、
口笛も吹けず――。

出帆

汽船《ふね》の出た港に
ちぎれのこるテープは果敢なく
素知《そし》らぬ顔の海は
またも　沈黙《ちんもく》の褥《しとね》にうづくまる。

魔女の不吉《ふきつ》な豫言もないに

越え難《がた》い海を距《へだ》つときめた――
蒼黝《あをぐろ》い七月の中洲《なかす》
老《お》いたさゞえの殻《から》には　またしても一つ語り草が殖えたげな。

略歴紹介〈五十音配列〉

異河潤　明治三九年生。法政英文學科卒業。敎員、新聞記者、放送局員を經て現東亞日報學藝部在勤。曾て「海外文學」「文藝月刊」を編輯。譯詩集「失香の花園」、詩歌集「水ぐるま」、編著「現代抒情詩選」等。

韓龍雲　明治一二年生。僧侶。「佛敎維新論」「佛敎大典」「十玄談註解」等の著述及び、詩集「愛人の沈默」、小說「黑風」等。

金億　筆名岸曙。明治二八年生。慶應文科に學びたることあり。敎員、新聞社員を經て現京城放送局在勤。エスペラント研究家。詩集「懊惱の舞踏」「向日葵のうた」「岸曙詩集」他數種。

金廷湜　筆名素月。明治三六年——昭和九年。東京商大卒業。鄕里に於て小學校敎員たり、後商業に從事す。素朴なる詩風を以て愛され、昭和九年三十三歲を一期に病逝。詩集に「つゝじの花」あり。

金東鳴　明治三四年生。靑山學院神學科卒業。

詩集「わが琴」「芭蕉」等。

金東煥 筆名巴人。明治三四年生。東洋大學文科修業。東亞日報記者を經て昭和四年以來雜誌「三千里」を經營。

詩集「國境の夜」「昇天の靑春」「詩歌集」、他に長篇小說「戰爭と戀愛」あり。

金起林 明治四二年生。東北帝大法文卒業。現朝鮮日報學藝部長。

詩集に「氣象圖」「太陽の風俗」あり。

金海卿 筆名李箱。明治四一年——昭和一三年。京城高工卒業。總督府營繕技手たりしことあり。積年の肺患癒えず昭和一三年東京帝大病院に於て死去。

金珖燮 明治三九年生。早大英文科卒業。京城中東中學敎員。

詩集に「憧憬」あり、他英米愛蘭の文學論等。

金允植 筆名永郎。明治三六年生。靑山學院卒業。

曾て「詩文學」同人たり。著書「永郎詩集」。

金泰午 明治三六年生。日大文科卒業。現中央保育學校職員。

詩集「草原」、他童謠作品等。

金大鳳 明治四一年生。平壤醫專卒業。一時鄕里に於て開業したることあり。現在京

城帝大附屬病院に入り研究。
詩誌「貘」を主宰したることあり。詩集「無心」。
金尙鎔 筆名月披。明治三五年生。立敎英文學科卒業。京城梨花女專學監。
詩集に「望鄕」あり。
許　保 明治四〇年生。法政英文科卒業。
洪思容 筆名露雀。明治三二年生。曾て新劇草創期の先驅たりし土月會を指導。大正一一年、文藝雜誌「白潮」を創刊す。現在殆ど詩作せず。
吳相淳 筆名空超。明治二八年生。同志社大學宗敎哲學科卒業。敎員を經て爾後放浪生活。曾て牧師たりしことあり、後轉じて僧籍に入りたるも三四年後還俗。
吳熙秉 筆名一島。明治三七年生。早大高等學院修了。
詩誌「誌苑」を發行したることあり。
吳章煥 大正五年生。明大專門部修業。
曾て「詩人部落」「浪漫」「子午線」の同人。詩集「城壁」「献辭」等。
朱耀翰 明治三三年生。明治學院中學部修了、一高を經て上海滬江大學卒業。
曾て雜誌「東光」を經營。東亞日報朝鮮日報社を經て現和信百貨店專務。

詩集「麗はしき夜明け」、他詩作多し。

徐廷柱　前大正四年生。京城中央佛專中退。前「詩人部落」同人。

辛夕汀　明治三九年生。京城佛專講院に於て佛典を學ぶ。詩集「燭火」。

趙明煕　筆名抱石。明治二八年生。早大英文科卒業。昭和二年妻子にも告げず單身露領に入り爾後消息を絶つ。詩集「春の芝生の上に」、創作集「洛東江」「英一の死」等。「洛東江」最も世評を高む。

趙重洽　筆名碧岩。明治四一年生。京城帝大法文卒業。現東亜織物支配人。詩集「鄕愁」。

張瑞彦　明治四五年生。京城延禧專門文科卒。清津泰成中學、京城園藝學校の敎員を經て現ツーリスト・ビューロー職員。前「文學」同人。

鄭芝溶　明治三六年生。同志社大學英文科卒業。現京城徽文中學敎員。新進の私淑する者尠からず。「鄭芝溶詩集」他詩論等。

白石　明治四五年生。青山學院卒業。朝鮮日報社員たりしことあり。

詩集「鹿」。

卞榮魯 筆名樹州。明治三一年生。米國カリフォルニア州セノア大學修了。詩集に「朝鮮のこゝろ」。

朴鐘和 筆名月灘。明治三四年生。曾て文藝誌「白潮」の同人たり。詩集「黒房祕曲」、他歴史小說「錦衫の血」「待春賦」等の著あり。

朴英熙 筆名懷月。明治三三年生。元カップ委員、現思想報國聯盟職員。著書に「懷月詩抄」「戰線紀行」等。

朴八陽 筆名金麗水。明治三七年生。京城法專卒業。東亞日報、中央日報等を經て現滿蒙日報間島支社長。「麗水詩抄」の著あり。

朴龍喆 明治三七年——昭和一四年。靑山學院中學部修了。曾て鄭芝溶等と共に「詩文學」を創刊。昭和十四年病歿。創作詩の他、譯詩、詩論等多く、遺稿集二卷。

毛允淑 明治四三年生。京城梨花女專卒業。曾て間島明信女校、京城培花女校の敎員たりしことあり。詩集「耀へる地域」、他隨筆集一卷。

李光洙　筆名春園。明治二五年生。明治學院中學部を經て早大文學部哲學科に學ぶ。曾て東亞日報編輯局長たり、後朝鮮日報に轉じ、昭和九年以來閑居。三十年來朝鮮文學の先驅として盡悴。曾て全鮮を風靡したる長編「無情」を始め「有情」「端宗哀史」「土」「人生の香氣」「痲衣太子」等幾多創作あり。「春園詩歌集」の他詩作亦尠からず。

李相和　明治三四年生。東京外語佛語科卒業。前「白潮」同人、後「文藝運動」を刊行す。現在詩作せず。

李章熙　筆名古月。明治三五年——昭和四年。京都中學卒業。二十七歲を一期に昭和四年鄉里大邱に於て毒を仰ぎ自殺。

李秉珏　明治四三年生。東京中央大學中退、前朝鮮日報記者。現「詩學」同人。

李陸史　明治三八年生。北京中國大學社會學科卒業。

柳致環　筆名靑馬。明治四一年生。京城延禧專門中退。寫眞館を經營したることあり、後、百貨店、株式店の事務員等轉々。私立中學の敎員を經て現在天津に在り。詩集「靑馬詩抄」。

劉道順　明治三八年生。日大美文科卒。毎日申報記者を經て現毎日新報平北支社長。

梁柱東　筆名無涯。明治三六年生。早大英文科卒業。昭和十二年迄約十年間平壤崇專教授たり。詩集「朝鮮の脉搏」他隨筆、評論等多し。

林學洙　明治四四年生。京城帝大英文科卒業。城大助手を經て現誠信女校教員。詩集「石榴」「八道風物詩集」「候島」「戰線詩集」「現代英詩選」等。

林　和　明治四一年生。元カップ書記長。詩集「玄海灘」、他評論集「文學の倫理」。

盧天命　大正二年生。京城梨花女專卒業。前朝鮮日報出版部員。詩集「珊瑚林」、他に短篇創作四五。

Rへ

——あとがきに代へて

Rよ

この手紙はきみに届けられるのでなくて今度河出から出る譯詩集のあとがき代りに用ひられる。活字になつて大勢の眼に觸れる筈のものを手紙だなどと白々しい芝居、きみはまたわるい量見を出したと顰蹙するだらう。きみを引合ひに出さねばものが言へぬわけでもないだらうに、どうしたわけか氣持が凍えてこゝ四五ケ月、このあとがきが頭痛の種だつた。一應はそれらしいものを書上げて版元へも廻したのに、どうにも苦になつて返してもらひ、二度三度手を加へ書き直してゐる間に冬が春になり、その春もほどなく終らうとしてゐる。

Rよ

ありきたりのきまり切つたことほど、廢りのない魅力を藏してゐるといふ——、その建前でゆけばこのあとがきなど凡そ見せかけの鼻につく厭味なものに違ひない。いきり立つこと、肘を張ること、

さうした生き方には飽き飽きした。ならうことなら居たか居ないか、人にも氣取られぬやうに生きたい。野心とか、希望とか、そんな言葉は耳にするさへ氣疲れがする。

Rよ

影になること、目立たずに在ること、そればかりを明け暮れ念じながら未だになり切れずにゐる。何かといへばすぐに自分が剝出しだ。このあとがきにしたところでその例を洩れない。その自分の度し難い病ひを知つてゐるのでいつそ何も言はずに退き下らうかとさうも考へた。愼ましい主婦が一皿の果實を客にすゝめるやうに、目顏だけで通じるものなら僕もそつと差出して急いで座を外したい。ところがそれもならぬわけといふのは、朝鮮の詩に就て殆んど何一つ内地には知られてゐない。朝鮮詩集といふ言葉さへ耳新らしいわけで、謂はゞ白紙も同然だ。如何に寡默の床しさを押立てようにもそれでは床しさにならぬばかりか、悪くすると獨りよがりの譏りさへ受けようかと思ふ。

Rよ

詩を手がけた行きがかりからでもさうした知られざる部分に就て讀者に報告する義務が僕には殘つてゐる筈だ。だからそれを果さうと思ふ。但し、これが英國とか佛蘭西あたりの詩だといふならフロックを着込んで威風堂々と述べ立てる手もある。朝鮮の詩にかぎつてそんな切口上では何んとしても說明が出來ない。そこできみを引合ひに出したわけだ。きみと差向ひのつもりで、精一ぱい嘘いつは

りのないところを話す、その實、なるべくよその人にも聞えるやうに——。だからきみもその氣になつてけふだけはやんちやを言はずにおとなしくふん〳〵と相槌を打つてくれ。

▽

Rよ

詩の飜譯はどうあるべきか——、大事なことだからそれを先に書いて置く。

つい先達或る人の書齋で、久しぶりに僕は荷風の「珊瑚集」を手に取り上げた。十五六年も前から知つてゐるし、何もない僕の書棚にさへ一二度は飾られた本だから今更どうといふこともないわけだが、讀み直してみてしみ〴〵打たれた。そこには荷風といふ譯者が居ないで、ボードレールやヴェルレーヌ自身がちやんと顏を出してゐる。見事なものだと思つた。それが本當の譯で、譯者のプンプン臭ふのは眞の意味での譯ではない。僕が多くのものを訓へられながらどこか上田敏を慊らず思ふのはその點だ。敏は臭ひ過ぎる。譯した詩集を「上田敏詩抄」と呼んでも板についてゐて可笑しくない。何んだか自分をそんな大先輩になぞらへるやうで氣が咎めるが、この「乳色の雲」にしたところで有體に言へば僕自身の詩集のやうなものだ。それを一番相濟まなく思つてゐる。自分の詩だといふ氣持で四つに取組まねば詩の譯など出來るものではない。それでゐてさらりと身を躱す、自分を表に現はさない、その修業がなか〳〵だ。このテストではどうやら僕は落第をしたらしい。

思ひやりのない人は讃めてくれる氣で僕の譯技を兎や角いふ。「まるでもとの詩のやうではない」などと——。さう言はれることは取りも直さず譯の失敗を指摘されることだ。うはべはなるべくそのお讃めに素直に甘えてみせながら、腹では手痛い皮肉でも言はれたやうに僕は竦んでしまふ。

Rよ

良心を衒ふといふことほど厭なものはない。アミエルにもトルストイにも、だから腹が立つ。反省を野糞みたいに垂れつ放しにするなど、よほどの自信が無くては出來ないことだ。譯に就て僕の自ら愧づるところをこれ以上くど〳〵と述べ立てゝは同じ二の舞をやりかねない。一つには詩の譯がそんなに小面倒なものと思はれては朝鮮の詩をあとから譯する人が無くなる、それも怖い。善かれ惡しかれ自分で責を被ります、ゆめ〳〵手柄顏のつもりではありませんと、それを言ひたいからこんなことを書いた。

▽

Rよ

前置きが長くなつたからそれでは朝鮮の詩のことを話さう。

明治四十年といへば內地ではすでに新らしい詩の幹が延び生ひて枝をひろげてゐた時期だ。横瀨夜雨だの、島崎藤村だの、河井醉茗だの、さういつた人たちのあとを受けて若く逞ましい氣鋭の詩人、

――たとへば北原白秋や伊良子淸白のやうな人が絢爛たる地步を踏み出してゐた頃だ。その時期に朝鮮では始めて日常の言葉に近い形で詩が試みられたのだが、お隣りの日本の詩に刺戟されてかといふにさうではない。それも幾分はあつたゞらうけれど、もつと內面的な動機があつた。

つまりは文字だが、その文字のことをちよつとこゝで說明して置かう。

言文一致の表現の出來る「正音」――普通には諺文と謂はれてゐるが、その正音が昔からあるにはあつた。西紀一四四八年といふから恰度十五世紀の中頃、朝鮮では世宗二十八年に當る。この年に始めてこの假名文字が制定されたが、王樣の勅命で遼東へ十三度も語韻の基準を調べるために重臣が往來したほど周到な用意が盡された。その上「龍飛御天歌」といふ歌曲まで創られ、十二分にテストが行はれた上で始めて公けに發布されたが、朝鮮文化の事蹟としてもこれほど意義の深いものはない。洵に正音の出發は賑々しく華かだつたと想像されるが、どうしたものか儒敎文化に心醉し切つてゐる民衆に舶來ならぬこの自家製の文字が容易に馴染んではくれなかつた。それでも當座はこの新らしい文字で書物が作られたりしたが、燕山といふ王樣の代になつて正音が思ひがけぬ災厄に出遇つた。この燕山といふのは名だたる暴君で、數限りない惡政は記すにも堪へぬほどだが(尤も歷史のいふことを全部が全部は信じられない、何時の世にも歷史は勝利者の記錄なのだから)その燕山の秕政を難じた上疏が正音で書かれてゐたといふ莫迦げた理由で正音の根絕やしが嚴命された。正音を用ひる者は

一律に罪人視され、高位高官にして文章の中に一二字この文字を差挿んだばかりに、位を召上げられ、身を滅ぼしたなどと史乘にも見えてゐる。

Rよ

文字が宛も邪宗か何かのやうに手酷く扱はれたといふのを聞いたことがあるか、それも己の國の文字を——。こんな氣違ひじみた王様が自分の先祖かと思へば有難くて涙も出ない。さて、その正音だが、もともと民衆にもあまり馴染まれてなかつたところへかういふ仕儀に立到つたから目も當てられぬ、危く廢絶しようといふところを或る坊さんが命がけで山中深くに持ち込み、辛うじてその一部分が後の世に傳はつた。現存の正音も、だから原形とはかなり遠いものになつてゐる。

何代かあとで國禁だけは解かれたが、怯え懼れて民衆は近づかず、一方では厠文字《かはや》などと蔑む氣風も深まつてこの折角の寶も持腐れの悲運を喞つてゐたのが、李朝の終り頃になつて新らしい文明の風潮に助けられ、やつと芽をふきかへしたといふわけだ。そこで始めて詩がつくられたのだが、それまでは詩も文章も總て漢文一點張りだつた。

Rよ

「言葉の在るところに詩はある」これは理窟で、いくら古くから言葉があつてもそれを書綴る文字が無くては詩とはならない。詩が童謡や民謡と區別されるのもこゝだ。尤も新詩の他に「時調」といふ

のが朝鮮にはあつて、これは內地の和歌のやうな形式で幾世紀間發達が續けられたが、御多分に洩れず漢文臭の芬々たるものだつた。初・中・終の三句章から成る定型詩で、これは今に廢れず、新詩とは別に錬磨彫琢を遂げて、崔南善、鄭寅普、李秉岐、金永鎭、李殷相等、幾多優れた時調詩人を出だしてゐる。

Rよ

このうち崔南善が朝鮮では最初に詩を書いた人だ。明治四十三年四月の「少年」といふ雜誌に「舊作五篇」として發表されたのが謂はゞ嚆矢で、これは光武十一年（明治四十年）の作だと添へ書にある。その「少年」を最近或る人から見せてもらつたが、今の朝鮮でそのまゝ店頭に出しても新刊雜誌で通るほど念の屆いたものだつた。活字や銅版など今と見較べても殆んど遜色がない。三十年間に格別の進步が無かつた證據のやうなものであまり自慢にはならないが、それにしても、その頃すでにかうした仕事によつて朝鮮の新らしい文化を指導した崔南善や、その協力者である李光洙等といふ人の骨折がどんなものであつたかゞ偲ばれるといふものだ。朝鮮では妙な氣風があつて、指導者を敬ふのは恥と心得てゐる。どんな大先輩でも蔭では呼び棄てだ。今でこそこの人たちの名をまるで弊履のやうに手輕くあしらつてゐるが、もしこの二人があの時代に居合せなかつたら、新らしい今日の文學も詩も、どう形を變へてゐたかわかつたものではない。

Rよ

とかく話が脇へ外《そ》れたがるが、こんなことも一應は知つて置いてもらひたいのだ。さてその新らしい詩は、續いて「少年」や「兒等の觀る」「新らしき星」等といふ雜誌に發表されたが、何をいふにも新文藝の露拂ひのやうなもので所謂新體詩の域を脫するまでには尙數年を要した。大和田建樹張りの古めかしいものながら兎も角も日常の言葉に近い形で詩が綴られたといふことは時代の齎らした大きな「驚き」だつたに違ひない。儒敎文化の抑制に年久しく呻吟してゐた生活感情が始めて雙翼を開いて大空を翔ける自由を獲たわけで、自由詩は文字通り「自由のうた」であつた。

大正七八年度に至つて新らしい詩の領域は著しく擴大され、優雅にして彈力に富む優れた詩が續々發表された。正しい意味で朝鮮文藝運動のこれが出發期だ。爾後纔か二十數年間に詩人として數へる者百名を越え、詩作品の發表された文藝雜誌四十種に及ぶ盛觀を呈した。堰を切つた急湍のやうに如何にその迸りの急であつたかゞ想像されるではないか。

▽

Rよ

貸家の間取りを手紙などで知らすと先方はどんな立派な家かと思ふさうだ。庭があつて、玄關はどうで――、ところが來て見たら戶の開けたてさへまゝならぬあばら家だつたなどといふこともある。

朝鮮の詩壇をこんな風に書くとさも賑やかさうだが、四十種といつたところでせい〴〵三四號、況や詩人と名がついて千部の詩集が埃にまみれずに出切《で》つたといふ人が五人とゐたかどうか——。それはそれとしてもこの時期の朝鮮文學ほど希望に充ち滿ちた愉しい門出はなかつた。ゲーテやバイロンに今にも追ひつくかと思はれたほどで、これは少し大袈裟だが兎も角も盛んなものだつた。崔南善はほんの口明けをしたゞけで飜譯文化に轉じ、後、歴史に、時調に、多方面の活躍を續けたが、再び新詩に手を染めることはしなかつた。李光洙も創作の傍ら詩を試みて情緒豐かな抒情詩を時折り發表はしたが、今日ではやはり詩よりも小説で重きを成してゐる。

Rよ

くどくどしい古事來歴を書列ねるのは本意でないが一應の順序として聞いてくれたまへ。大正七八年から十年度へかけて新たに創刊された雜誌だけでも「學之光」「泰西文藝新報」「新女界」「三光」「開闢」「廢墟」それから「曙光」「共濟」「ソウル」「新生活」「新天地」「新靑年」「薔薇村」等、凡そ十四五種、この中で文藝雜誌としての功績は「創造」最も大きく、「開闢」や「新生活」も綜合雜誌ながら文藝の爲には一方ならぬ努力を拂つた。「學之光」や「創造」は殆んど東京の留學生がメンバーで、當時の隆々たる氣勢は今想ひ出してもそゞろに懷しい。尤も僕などはまだ十一二の子供、エヴェレストでも見上げるやうに早く大人になつてその人たちの後塵を拜したいとませたことを

考へてゐたに過ぎない。

Rよ

きみなどの耳には無味乾燥な響きだらうけれど、今日朝鮮に文學があるとしたら何れもこの時期のこれらの雜誌に源を受けてないものはあるまい。朱耀翰、金億、吳相淳、卞榮魯、朴鐘和、朴英熙等初期の主だつた詩人たちは概ねこの中の何れかを足場にしてスタートを切つたものだ。この譯詩集には加はつてないけれど、李東園、黃錫禹、吳天錫、田榮澤等、この時代に轡を並べて詩作を競つた詩人たちは他にも多い。

大正十一年から二年へかけて當時最も香りの高かつた文藝雜誌「白潮」が刊行された。これは洪思容、李相和等優れた詩人たちの巢床となつてロマンティシズムの横溢期にいやさら色合を添へた。李相和の「わが寢室」などが貪るやうに愛誦されたのもこの時で、今日に至るまで一人の詩がかくまで豐かに吟まれたといふことはない。

大正十二年「白潮」に稍後れて「金星」が創刊されたが、こゝでは梁柱東、李章熙、金東煥等、他にこゝには洩れたが白基萬、柳春燮、孫晋泰、李想白といつた人たちが詩作を發表した。

Rよ

過去帳の蒸し返しは退屈ながら妙に愉しい。もう少し我慢して一通りおさらひをさせてくれないか。

この時期とほゞ前後して他にも十餘種雜誌が現はれてゐる。「ルネサンス」「廢墟以後」「生長」「新文藝」「靈臺」「假面」「東光」「朝鮮の光」「文藝運動」「朝鮮文壇」「新民」等々、この中「ルネサンス」「生長」「新文藝」「靈臺」の四つは僕の知らない名で、吳河潤の「抒情詩選」に自序として添へてある中から敎へられた通りを列記したに過ぎない。その頃もう僕は朝鮮にゐなかつた。震災の年に歸り、京城へ始めて吳相淳氏を訪ねたとき溫突の部屋で見せられたのが「廢墟以後」の校正刷りだつた。それがきのふのことのやうで僕には忘られぬ懷しい想ひ出になつてゐる。「假面」といふ菊倍の假綴雜誌も、そこに載つてゐる金素月の美しい抒情詩も、やはり同じ年、鄕里鎭海に歸つたとき始めて僕は氣がついた。

十年前妻子にも告げず漂然朝鮮を脫れて今は消息の絕えた趙明熙や、うら若くして病み朽ちた南宮璧譯外、朝鮮詩壇を縦に貫いて實力最も豐かと見られる鄭芝溶等、及び朴八陽、劉道順が皆この時期のこれらの雜誌から巣立つてゐる。同時期の詩人でこゝに洩れた人に金炯元、金明淳閨秀、李殷相、盧子泳等があり、妍を競うて何れも詩作に專念した。

Rよ

こゝでちよつと各個の詩風なり傾向なりを書添へたものかと思ふが、餘りに多岐に亘り一口にはどうとも言はれない。あらましを掻いつまんでいふなら、朱耀翰はデカダニズムを斥けて飽まで情緒に

籠らうとした理想主義の人。朴鐘和、朴英熙、李相和等は佛蘭西の詩に影響されたグループと看做される。ワイルド・ホイットマンに私淑して宛も内地に於ける富田砕花の役柄を勤めた民主詩人に金炯元があり、この人の詩は思はしいのが手に入らず異河潤君へも手紙を出して問合はせたりしたが徒勞だつた。虚無的乃至は思索的な呉相淳、華麗な感覺と鋭いセンスによる李章熙故人、僻村の一商人として不遇の裡に夭折した金素月の哀切素朴な民謠調、尙また朝鮮語の香りを繡《ぬひと》りの密やかさでうたひ上げながらどこか激しいものを隱してゐた卞榮魯等、初期詩人の傾向はとり〴〵だつた。

Rよ

朝鮮で始めて詩集がつくられたのは大正十年四月、金億の譯詩集「懊惱の舞踏」だといふ。その以前にも何かあつたやうな氣がするが僕の記憶は當てにならぬからこれも敎はつた通りを書いて置く。これは泰西の詩を飜譯したもので、金億は中二年置いて「水母《くらげ》のうた」を上梓、他にもタゴールの「ギタンヂヤリ」「新月」等を單行本にして紹介したやうに思ふ。十三年六月には朴鐘和の「黑房祕曲」、同じく八月に卞榮魯の「朝鮮のこゝろ」、同十二月には朱耀翰の「麗はしい夜明け」、明けて十四年三月に金東煥の「國境の夜」、十二月に金素月の「つゝじ」等がそれ〴〵獨立した詩集として出版され、詩壇は曾て見ぬ活氣を呈するに至つた。

Rよ

きみがせめて三十代の人なら何が朝鮮の詩にかうした勢ひを齎らしたか、その側面の原因ともいふべきものを感得出來たらう。一つには大正八年の所謂萬歳騷擾を契機としてそれまでの武斷政治が新たな文化政策と入れ替つたせゐもある。ひとり詩壇にかぎらず總ての文化面に脉々と鼓動が傳はつて宛ら多眠から醒めたやうに背のびを始めた。それが三四年を經て稍形づけられ、安定を得た上で、始めて表面化したとも考へられるではないか。

Rよ

以上は極く大まかな荒筋だが、大正十二三年頃からもう一つ別な流れが擡頭してゐる。時代意識に基く所謂新傾向派の一群で、林和、柳完熙、金昌述、金大駿等がそれぐ\活躍したが抒情詩の領域がそのために侵されるといふには至らなかつた。昭和六年に及んで前記の中柳完熙、金大駿を除き、新たに朴世永、安漠を加へた五名のカップ詩人が詩集を發刊したが、後に林和は抒情詩人としての本來の面目に立返り、朴世永また詩集「山燕」によつて純粋詩の精神を求めて身じろいだ。安漠はきみも知つてゐる舞踏家崔承喜の夫君で、この一群からはさしあたり林和一人を擇び總てこゝには割愛した。

Rよ

今まで名を擧げて來た他にも金起林、金東鳴、毛允淑閨秀、林學洙、趙重治等がゐる。この人たちは特に詩社とか詩派等に屬することなく極めてフリーな立場から詩作を續けた。「三千里」「大潮」

「新生」「大衆公論」「續刊開闢」「新東亜」「新家庭」「新女性」等、專門の文藝雜誌といふのではないがかうした月刊誌や、「東亜」「朝鮮」「中外」等の新聞紙面がこれら詩人たちの舞臺であつた。昭和五年、朴龍喆故人、金允植の實力に富む二人の詩人が「詩文學」によつて登場したが、この詩誌は鄭芝溶を中心に、鄭寅燮譯外、異河潤等が相集ひ、後に辛夕汀、許保等も傘下に加はつて地味に愼ましい發行が續けられた。

まだ〳〵書かねばならぬことが澤山あるが、はし折つて先を急ぐとしよう。

雜誌では尙「新人文學」「朝鮮文學」「中央」「四海公論」等があり、黃錫禹譯外 の發刊した「朝鮮詩壇」が「靑年詩人百人集」などを出して氣勢を擧げたこともある。一々詳細を盡すわけにはゆかぬが、別段詩作を發表することなく文字通り突如として詩集「愛人の沈默」を公けにした韓龍雲や、沈鬱直截な詩風により人生を剔抉せんとする柳致環、句讀なしのベタ組みで一見メカニカルに見えながら素朴な鄕土愛を本領とする白石等、何れも注目すべき詩人たちだ。韓龍雲は墨染の袈裟を纏ふ法城の人、その上六十を越えた老齡と聞いては誰しも驚かうではないか。

閨秀に張貞心といふ人があり「主の勝利」「琴線」等二卷の宗敎詩集があるが僕の手には負へさうもないので留保した。同じく閨秀の毛允淑、盧天命にはそれ〴〵「耀く地域」「珊瑚林」の詩集があり、盧天命は昭和十年頃金珖燮、金尙鎔、吳熙秉等を中心にして發行された「詩苑」から出てゐる。

まだ〳〵落した名が澤山あるやうだ。「靑葡萄」一篇に好もしい詩心を窺はせてゐる李陸史や、徐廷柱、吳章煥、李秉珏、張瑞彥等は詩歷とか年齡とかさうした意味よりも詩壇の雰圍氣に於て若く逞ましい氣銳の人たちであり、譯外にも尹崑崗、金光均、閔丙均、金朝奎、梁雲閒、朴載崙、李庸岳、張萬榮等二三十名にも及ばうかと思ふ。この人たちは槪ね「子午線」「詩人部落」「浪曼」「詩學」等の詩誌から巢立つてをり、金大鳳の創刊した「貘」にも一群の若い詩人たちが根を下ろしてゐるが、明日の朝鮮詩壇を荷ふといふ意味でこの人たちにこそ期待すべき幾多使命がかけられてゐる。

金海卿は本名よりも「李箱」の筆名で通つてをり、生前は寧ろ詩壇とは緣の乏しい名であつた。ここに加へた二篇はもともと詩として書かれたものではない。旅先から私信代りに僕へ送られた散文であるが、四つある中から二つをとり飛び飛びに言葉を寄せ合はせて詩の形に直した。それ〴〵が全量の七八分の一ぐらゐ、新らしい言葉は無論加へてない。譯をせずにトリミングをしたといふ點でこれ一つが例外に數へられるわけだ。

昭和十三年の末頃、作家李泰俊の主宰する文藝雜誌「文章」が創刊されて、小說に、詩に、曾てない目覺ましい努力が拂はれてゐる。稍後れて崔載瑞の「人文評論」が現はれ、今のところこの二つが文壇・詩壇の主流となつてゐる形だ。「文章」の詩欄は鄭芝溶をリーダーに頗る活氣に溢れ、別に推薦制度を設けてすでに李漢稷、金鐘漢、朴斗鎭、趙芝薰等六七名の侮り難い俊才を世に送り出してゐる

る。

この譯詩集は順序として過去の人に重きを置いた形となつたが、これで後半の若い詩人たちが出揃はねば朝鮮詩壇の全貌を紹介したとは言へない。もう四五年もすればもつと手並の冴えた力量ある譯者も現はれるだらうと思ふ。あまり一人で慾張らずにこの邊で僕は役遁れをしたい。

▽

Rよ

長々と書列ねたが覺書ともいふべきものがまだ殘つてゐる。朝鮮詩壇はこれで一通り俯瞰されたとして、あとはこの本に直接關聯のある事柄や、ついでに出來れば僕自身のことも少し言はせてもらひたい。

昭和四年の秋、朝鮮日報の學藝面に四回か五回「詩壇一隅言」といふのを書いたことがある。その中で僕は和譯詩集のことを持出した。「朝鮮の詩壇がいつまでも地方的存在でゐることは何かと不便だ。內地の中央詩壇とも一脈の連絡を保つために譯詩集一卷が是非欲しい。若し一致して委ねてくれるといふならそれを僕がやつてみよう」――そんな風の意味だつたかと思ふ。最初の僕の本が東京で出た直後で、先づ〳〵それは好評だつた。それに氣をよくしたかどうか、こんな大それたことを自分から買つて出たばかりに十年もその荷物を持ち廻る始末となつた。

間もなく平壤で梁柱東氏に逢つた時、偶ゝ譯詩集が話題に上り「その資料分擔を自分でやつてみたいから」と進んで申出でられた。同氏とは初對面ながら申分のない適任者でありくれ〲も賴んで心強く別れて來たが杳として消息なく、つひにそのことは沙汰止みに終つた。

昭和九年、二度目に京城に落ちついた頃からまたこれが蒸返されて、今度は鄭芝溶が資料を引受けるといふ手筈であつたが、これも二三度打合はせを繰返したまゝ鄭君が心賴みにしてゐた朴龍喆の急逝で頓挫した。單獨でやつてやれぬわけではないが、僕などは去來常ならず、詩壇の實情にも疎い。資料を然るべき人に委ね、ぜひとも協力して仕上げたいと念じたからだ。

Rよ

十年の足踏みは空しかつたやうに見えて、その實無意味ではなかつたやうだ。尠くも朝鮮詩壇の歴史が三分の一だけ延長された。その間、詩心と感覺に於て秀でた幾人かの新人が出で、このアンソロジーに些かなりとも清新の香《か》を增したのは事實だ。僕自身にしたところで、譯技の進歩如何は怪しいとしても詩に立向ふ心構へがその頃から見ればずつと緩かになつたせゐか、自分の好みといふものにさまで捉はれずに濟んだ氣がする。

Rよ

詩を譯するといふことは言葉で織りなされたものを一絲一絲解きほぐして別な機にかけ直すことだ。

かういふことは興に任せて暇々に少しづつ進めてゆくといふのが望ましい理想なのだが、きみも知つての通りそんな氣永な眞似が僕には許されない。恒産無くして恒心ある者獨り君子のみとあるからこれは言はずもがなだが、恒心どころか始終追ひかけられるやうな氣忙しさの中でこの本がつくられた。こんなことを言つても言ひ遁れにはなるまいけれど、それでも精一ぱい眞心は盡したつもりだ。一篇の詩にも前後の重量感や、語調、風格、詩の若さ、古風さなど、單に言葉の譯意だけでは濟まされぬ密やかな條件がある。さうした節々にも及ぶかぎり氣は配つた。自分ではいくら骨を折つたつもりでも、そのうちにだんだんとあらが見えて來て半年もしたら人前に出すのが氣恥しくなるだらうと思ふ。それも致方がない。

Rよ

詩を譯してゐて感じたことは、同じ意味の言葉でも國語と朝鮮語ではまるで匂ひの異つたものがあるといふことだ。言葉のニュアンスとでもいふのか、——譬へば「わたしのこゝろ」など、詩語としては甚だ稚拙な食ひ足りぬ言葉だ。「わがこゝろ」で幾らか救はれるが、原詩の他の條件のために是非とも口語としたい場合「わたしのこゝろ」では寔に以て始末に負へぬ。それが朝鮮語では少しも低調でないばかりか〈ネ・マ・ウム〉と輕く三音で響き、佛蘭西語の語調に見るやうな爽やな後口をさへのこしてくれる。尤もこれは反對の場合もあり一方的には言はれぬことだが、かうした已むべから

ざる理由で詩情を殺《そ》いだと見られる個所が二三に止まらない。だが所詮は織り返された布地だ、織瑕にも斑《むら》にも觀念して目をつぶる他はあるまい。

ついでに一つ、原詩の語韻を添へて置かう。金素月の「うたごゑ」——三四・二三の七五調で、幾分古いスタイルの「うたはれる詩」だが、朝鮮語の語調はこれでほゞ想像されるかと思ふ。

Kou-ri-boun u-ri-nim-oui mal-goun no-re-noun
〔Kəribən〕 〔urinime〕 〔malgən〕 〔norenən〕
Oun-je-na ze-ka-soum-e zou-jou is-sou-yo,
〔ənzəna〕 〔zəkasəme〕 〔zəzə〕 〔isəjɔ〕

Kin-nal-oul mun-bak-ke-sou sou-sou-dou-rou-do
〔Ki:n naləl〕 〔mɯnbakæsə〕 〔sə sə〕 〔də rə dɔ〕
Kou-ri-boun u-ri-nim-oui ko-foun nore-noun
〔Kəribən〕 〔urinimei〕 〔kɔhən〕 〔nɔrenən〕

He-zi-ko zou-mul-do-roc kwi-e doul-you-yo

〔Hezigɔ〕 〔zəmuldɔrɔk〕 〔kwiæ〕 〔dəlljejɔ〕

Bam-doul-go zam-doul-do-roc kwi-e doul-you-yo,

〔bamdəlgɔ〕 〔zamdəldɔrɔk〕 〔kwiǽ〕 〔dəllјə jɔ〕

Ko-hi-do houn-doul-li-noun no-re-ka-ra-ge

〔Kɔhidɔ〕 〔həndəlrinən〕 〔nɔre karagæ〕

Ne-jam-oun kou-man-i-na kip-pi-dou-lou-yo

〔nezam ən〕 〔ke mani na〕 〔kippi〕 〔dələ jɔ〕

Ko-jouk-han zam-ja-ri-e hol-lo nu-ou-do

〔Kɔzək han〕 〔zam zariæ〕 〔hɔllɔ〕 〔nu ə dɔ〕

Ne-jam-oun po-sou-goun-hi kip-pi-dou-rou-yo,

〔nezamən〕 〔pɔsə gən hi〕 〔kippi də rəjɔ〕

Kou-rou-na za-da-ke-myoun nim-oui no-re-noun

〔Kə rə na〕 〔zadakǽ mjən〕 〔nim əi〕 〔nɔre nən〕

Ha-na-do nam-gim-oubb-shi il-hou ba-ryou-yo
〔hanadɔ〕 〔namgiməbb si〕 〔ilhə〕 〔baljəjɔ〕
Dou-lou-myoun dou-nnoun-de-ro nim-oui no-re-noun
〔də rə mjən〕 〔dən nəndərɔ〕 〔niməi〕 〔nɔre nən〕
Ha-na-do nam-gim oubb-shi nik-ko ma-ra-yo.
〔hanadɔ〕 〔nam giməbbsi〕 〔ikko〕 〔mara jɔ〕

作者たちには昨年の八月二十日附それ〴〵往復葉書を送り、諾否を尋ねたところ、何れも異議なく贊同した。住所を調べ兼ねた二三の人や、すでに物故の人を除いて——。

それから自選を希望した向もあつたが、これは全體の均衡もあり自分の氣儘を通させてもらつた。

「乳色の雲」といふ名は卞榮魯の詩に「春の雨」譯外 といふのがある、その中から採つた言葉だ。

さて、もう言ひ落したことはないか。

Rよ

朝鮮の言葉はやがて文章語としての終止符を打たれようとしてゐる。生活の隅々から影を沒し去る

といふのではないが、已に社會語としての活きた機能を失ひつゝあるのは事實だ。こゝ一二年、朝鮮の文壇・詩壇は頓に活氣を帶びて來たやうに見えるが、然しその根柢に首肯するに足る必然の動機が無くては一途に樂觀出來ない。朝鮮の文學はどうなるか、そんなことは僕などの輕々しく斷じられるところでないが、今日の小學兒童から推して見ても思ひ半ばに過ぎるものがある。恐らく十年後には朝鮮語による詩作品はあつてもそれを讀むものが無くなるのではあるまいか。

Rよ

幾世紀の間辛酸冷遇の中にあつた「正音」が、やうやく陽の目を見たと思ふ間もなくまた暗い蔭の道を辿らうとしてゐる。數奇といふか、薄幸といふか、何せ苦難の附纏ふ文字だつた。然しながら今は手放しで感傷に溺れることを許されない。さらに力強い鎧が朝鮮文學の表現のために用意されることを信じよう。梅は自ら意志することなくして花を開く、それが攝理だ。

金色燦然たる名文句を吐いて氣休めをいふことはない。寂しければ寂しいでよいが、然しどんな意味にも時代の債務者にはなりたくない。進んで迎へる、登りつめるまでは登る——、生活も、詩も、そこから始まるのだと思ふ。

Rよ

近頃電車の中などでよく年寄りが目に附く。それを或る人に言つたら「自分が若いからだよ」と言

はれた。――さうだらうか、以前はもつと若かつたわけだがそんなことはあまりなかつた。

どつちにしても氣にすることはないが、ほどよく吾身を勞はつて顔だけが動いてゐるやうな老人を見ると羨ましくなる。自分も早くあゝなりたいなと思ふ。爺むさいことをいふやうだが腹を立て過ぎて草疲れた身にもなつてみたまへ。

瞋《いか》りだけがわれと吾身を虐む責道具だとは何んといふ業の深い話だらう。愛する者の前では腹を立てるしか能のないその自分をしみじみうら佗びしく思ふことがある。

Rよ

郷土は僕の宗敎だつた。地獄に墜ちてもこれは言へる。そのお蔭でどうやらこゝまでは來られた。いま慄然として思ひ返してみる――、本當に僕は郷土を愛したのだらうか、仇敵の憎しみが凝りに凝つてさかしまに錯覺してゐたのではないだらうか。

だしぬけにこんなことを言はれてさだめしきみも興ざめだらうけれど、中途半ぱな年齢がこんな重大な疑惑をいま僕に押しかぶせてゐる。

早く齢をとりたいと思ふ。蟬が殼を脫ぎ棄てるやうに、この荷厄介な三文にもならぬ愛憎の枷を打ち棄てる日が來たら、どんなにかせいせいして氣が晴れることだらう。

Rよ

震災の一二ヶ月前、その頃大阪の住吉にゐられた百田宗氏から詩集の序文をいたゞいたことがある。よくも臆面もないことが頼めたものだと思ふが、その詩集といふのはいい工合に校正が出たゞけで本にはならずに濟んだ。自費出版で、印刷所にあとの費用が拂へなかつたか何か、そんなことだらうと思ふ。折角いたゞいた序文もそんなわけで無駄になつたが、それきり二度とお逢ひもせずに過ぎた。申譯ないことゝ思つてゐる。それからもう一人、その手曳きをしてくれた瀬田彌太郎といふ人、今はどうしてゐるか、亡くなられたのでないなら一度逢つてその時の禮が言ひたい。あの時分慥か四十二三、もう六十にもなつてゐようか。妻も娶らず行燈の影で獨り詩を書いてゐる、そんな淨い美しさの人だつたが。

もうそれから十七八年になる。僕は相も變らず尻つぽのやうに詩をぶら下げて歩きながら未だに詩らしい詩一つを書かずにゐる。二年に一つ、三年に一つ、——そんなわけで僕は自分の詩を十うかぞへる自信もない。今後とて恐らくさうだらう。詩を思ひ、詩に禱るだけが僕に出來る精一ぱいの表現のやうだ。

千載に傳ふべき一篇の詩は無くとも、地上で、生あるかぎり、せめては一朶の花と匂ひたい。それも能はぬと拒まれるだらうか。

Rよ

▽

僕に最初の道を授けられ、言葉への畏れをいよゝ深く警められたのは白秋北原先生であつた。このさゝやかな鄕土の詩集を僕は眞先に先生に見ていたゞかうと思ふ。それから、この譯詩集一つで僕がどれだけ多くの報酬を齎らされたか——それをきみに知らせたい。

原作者たちが擧つて賛同し、信じ切つてくれたこと、この一事で僕は久々に鄕土との温い心の交流を味はつた。略歷の問合せや其他細々した要件で李陸史、異河潤兩友に一再ならず面倒をかけたが、かける方もかけられる方も嬉々として一つの心に繼《つな》ぎ合つてゐた。——これが第一の歡び。

島崎藤村先生に序文を、佐藤春夫先生に過分な紹介の辭をそれぞれ寄せていたゞいたが、斯くまで朝鮮が愛され、視護られてゐるといふことを誇らかに鄕土へ告げられるうれしさ、——これは僕一人の感謝ではない。

卷頭を裝はしていたゞいた高村先生の素描、一枚のデッサンに二月《ふたつき》近くもかゝられた、その敬虔な御用意を見遁しては相濟まぬ。尙他に卷頭には原色版の油繪が飾られる筈だつた。洋畫壇の耆宿と仰がれる藤島武二先生が快くその願ひを聽き屆けられて「朝鮮の古い文化に寄せる私の尊敬の念を繪にして見よう。私の詩も一つ加へてもらふといふ氣持で」とおつしやられた。そのお許しがあつたにも

拘らず出版の上の差迫つた譯合ひから「あと一ヶ月」と言はれたのに心惜しくも第一版を印刷にかけねばならない。辛抱性のない話で如何にも申譯ないが、今は紙一枚にも氣を配らねばならぬ緊張の時機で、これ以上我儘を言つて永引かすことも出來ない事情だ。先生のキャンバスによる「詩」が間に合つてゐたならどんなにか愉しい本になれたらう。それを思ふと心殘りでならないが、藝術の存するかぎり全き孤獨といふものはない——それを今にして深く悟り得たことはレジオン・ドノールにもまして耀かしい榮譽ではないか。この青空のあるかぎり、僕たちは生きることに絕望すまい。

春園李先生にもお願ひして名を加へていたゞいたが、主人側といふ氣持からこの分は特に活字を小さくしてもらつた。扉の文字はつね日頃朝鮮文化を敬慕し、延ては僕の拙い譯詩を蔭でいつも推賞して下さる山口玄珠畫伯にお願ひした。わざわざ歐陽詢の九成宮醴泉銘から模寫されたといふことで、何から何まで分に過ぎた慾張り方をしたが、內容の乏しさ至らなさを思ふと面映い氣がせぬでもない。河出の皆さんにも隨分な手數をかけた。願はくば寬大な讀者に愛され、受け容れられて、版元へ累をかけねばよいがと祈つてゐる。

病氣が癒つて、きみも早く元氣になつてくれたまへ。

昭和十五年五月　　上越谷川岳山麓

素　雲　生

昭和十五年五月二十日印刷
昭和十五年五月廿五日發行

乳色の雲
金貳圓五拾錢

譯者　金　素　雲

東京市日本橋區通三丁目一番地
發行者　河　出　孝　雄

東京市日本橋區通三丁目一番地
發行所　河　出　書　房
振替東京一〇八〇二番
電話日本橋二七七七番

東京市牛込區山吹町三ノ一九八
印刷者　萩　原　芳　雄